Jeux de Mots Croisés

Jeux de Mots Croisés

3ᵉ édition

Roi de Trèfle

De même hauteur…

Jeux de Mots Quadrillés, entre croisés et fléchés, 2012
L'Unité, le Six et les Nombres Premiers, essai, 2013
Jeux de Mots Décroisés, exercices de styles en charades, 2015
Jeux de Mots dits Vaguants, tome I, réédition 2018
Jeux de Mots dits Vaguants, tome II, 2018

Extraits et informations

http://jmd59137.wix.com/jeux-de-mots-croises

Suivez-nous sur facebook !

http://facebook.com/Jeux.de.mots.croises

ISBN 9782322035328
Jeux de mots croisés ©Jean-Michel Delefortrie, 3ᵉ édition, 2019.
Tous droits réservés.

*À cette part d'ange, canal invisible,
qui fait couler généreusement
ce que l'on nomme inspiration.*

*À Jean-Claude Branquart,
rédacteur en chef d'Autrement Dit,
qui publia nos premières grilles.*

*À Pascal,
qui en a brillamment essuyé les plâtres.*

Problème n° 1

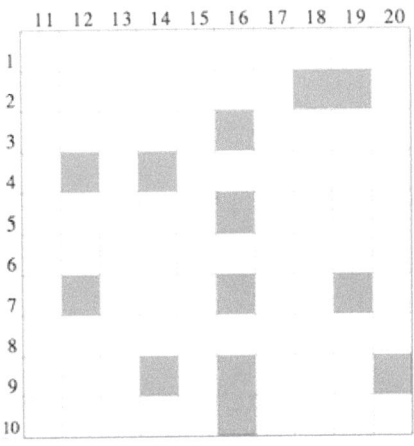

1. Coupe du monde. - 2. Les toiles de mer. - 3. Rapprochai les parties. - Il mène à un soulèvement à coups de révolutions. - 4. Trois en une. - 5. Qui fait écarquiller les yeux et n'en pas croire ses oreilles. Il est attachant. - 6. Faites pour s'entendre, d'un cou. - 7. Sans aucun doute. - Morceau de métal. - 8. Ils mènent les sourciers à la baguette. 9. Sans dessus ni dessous. - Tourne les talons comme la jument. - 10. Aller à l'aventure. - La joule compte sur leur unité.

11. Met fin à des jours ou ennuie. - 12. Mot pour maux, singulièrement. - Sur la scène... nippone. - Ex-cité. - 13. Gardé à vue ou à vie. 14. Elle a une mer envahissante. - Elles vont facilement avec les autres. - 15. C'est toujours lui qui commence ! - 16. Sert à demi. - 17. Espèce filamenteuse, en vérité - 18. Un moqueur qui ne fait pas de sentiments. - 19. Telle est vision... intime. - Un vrai désert. - 20. Portés aux nues.

Problème n° 2

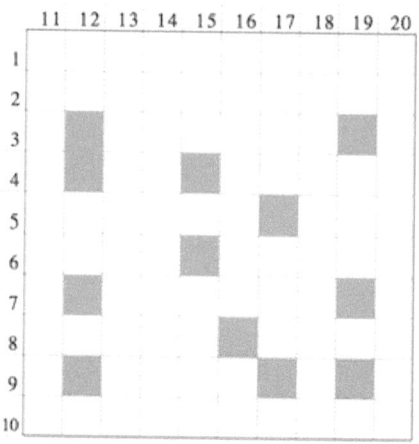

1. Quand on dit vague, on peut clairement y penser. - **2.** Quelque part en thèse. - **3.** Couleur de lavis. - **4.** Troisième dans une liste. Ancienne contrée majeure d'Asie Mineure. - **5.** C'est une idée. Herbe assez fourragère. - **6.** Fis travailler les pores. - Vas comme un poisson dans l'eau. - **7.** Donnera un coup de main. - **8.** Morceau choisi. - Pour ce chef-lieu de canton, l'Eure est proche. - **9.** Il peut être artistique. - **10.** Dont on ne peut se passer sans jouer son avenir.

11. Voyant, mais ne dit pas la bonne aventure. - **12.** Se voit sur des planches exotiques. - Est tout au centre. - **13.** Qui ne semblent pas prêts à avaler n'importe quoi. - **14.** Dont on peut, même entièrement, tirer parti. - **15.** Ils se voient sous les jupes. - Le paysan argentin en est un. - **16.** Elle sait recevoir ! - Note en flûte. - **17.** Plante tropicale. Ce n'est pas la gent littéraire, mais que de belles plumes ! - **18.** Sans aucun signe de distinction. - **19.** Affirmatif. - Colère qui n'a plus cours, même quand on est rancunier. - **20.** Réclames.

Problème n° 3

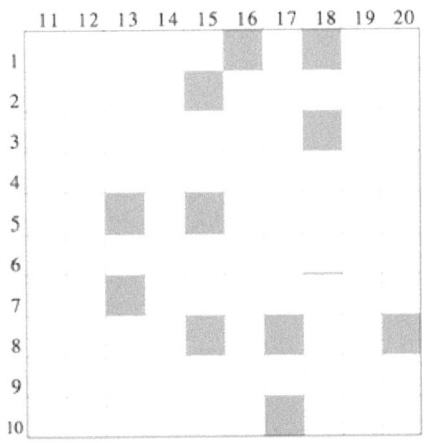

1. Les sans-gain l'espèrent. - En affaires, c'est un chiffre. - 2. Par définition authentifiant, autant s'y fier. - Opinion sur rue. - 3. L'ami d'un repas frugal. - Lettre grecque et sans fioritures. - 4. Endurcissent les jeunes pousses. - 5. Désertique. - Si c'est du noir, c'est morose ! 6. Aide maternelle. - 7. Le troisième homme. - Débordements de rues. - 8. Même indépendants, les joailliers l'ont comme (saint) patron. - Partie de rien. - 9. Plutôt limitée. - 10. Menées devant les juges. - Dit manche aussi !

11. Elle s'offre du bon temps sous d'autres cieux, dame ! - 12. Sans qu'elles n'aient à voir avec la varice, elles ne donnaient pas beau cou. 13. De même. - Vieille armée. - 14. Spécialité helvétique. - 15. La règle de l'art... de la table. - Participe de l'hilarité. - Une île ou le Soleil du Nil. - 16. Précieuses ridicules. - 17. Objets d'un culte. - 18. Ne veut rien dire. - 19. Qui fait l'économie des plaisirs trop chair. - 20. Qui ont bien du plaisir. - Mets au milieu.

Problème n° 4

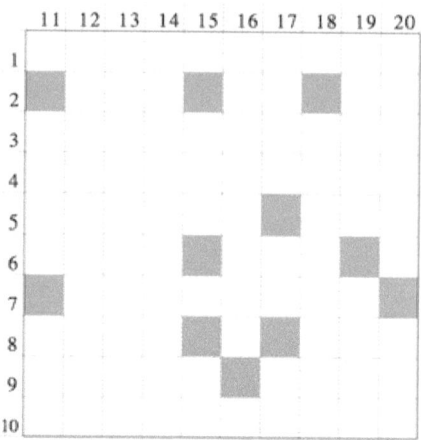

1. On y recueille des morceaux. - **2.** Une joie tronquée. - Se dit quand on n'a pas tout dit. - A un certain prix. - **3.** L'une d'entre elles nous vaut pas mal d'adrénaline. - **4.** Fort rouges sous l'effort. - **5.** Quel que soit l'empire, c'est l'est. - Risque sa chemise ou va sans culotte. - **6.** Fait pour une inspiration. - Atome modifié en fin d'opération. - **7.** Petits focs. - **8.** Possèdes. - Vient d'avoir. - **9.** Ses éléments, déchaînés, pour la chasse accourent. - En Roumanie. - **10.** Qui ne savent sur quel pied danser.

11. Adversaire de Thomas d'Aquin. - Un mâle qui vous veut du bien. **12.** Qui permet de subsister. - **13.** Son mot d'ordre n'est pas d'espérer sans tirer. - **14.** Fin chercheur d'or. - **15.** Cultiva l'ambiguïté chez la tsarine. - Manière d'être. - **16.** Calmants sans prescription. - **17.** Fis un prélèvement. - Étendue d'eau. - Désigne quelqu'un d'autre. - **18.** Membre d'une famille royale. - **19.** Fruits des pensées. - Fut en Perse. **20.** Une autre façon d'avoir. - Situé dans les deux sens.

Problème n° 5

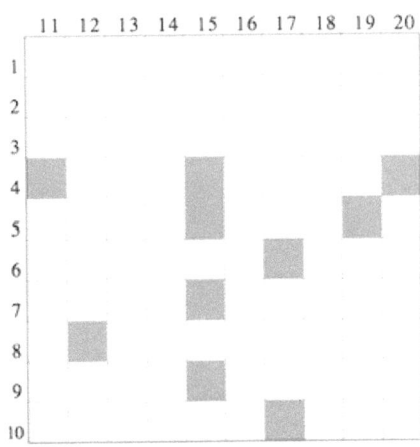

1. Empêchant de partir, à partir de cet instant. - 2. En pays de connaissance. - 3. Se remettre à boire. - 4. Mot d'ordre. - Présidait à la médecine, entre autres facultés. - 5. Cil en est un... - Dans un règlement de compte en Bulgarie. - 6. L'Iliade et l'Odyssée revisitées. Une mesure qui peut s'appliquer à tout bout de champ - 7. Napoléon n'en est pas revenu bredouille, bien qu'il y soit allé pour le roi de Prusse. - Ex-port sur la mer Egée. - 8. Spécialiste du passage à niveau. - 9. L'Ohre tchèque. - C'est non ! - 10. S'activent à la peau lisse. Auxiliaire de marine.

11. Bon début pour une ville d'Argentine. - Être las. - 12. Pour les vernis, ce n'est pas de veine. - Un peu de gallium dans le manganèse. 13. Qui pratiquent la haute voltige. - 14. Catalogue de luxe. - 15. Cachés en tenues. - 16. Reste sur le carreau après un choc. - 17. Elle est bonne ! - L'occasion rêvée de se faire mener en bateau. - 18. Qui n'est pas à sens unique. - 19. Entrées dans un nouveau monde. - Attaché à l'autre. - 20. Pour la troisième fois. - Beaux draps.

Problème n° 6

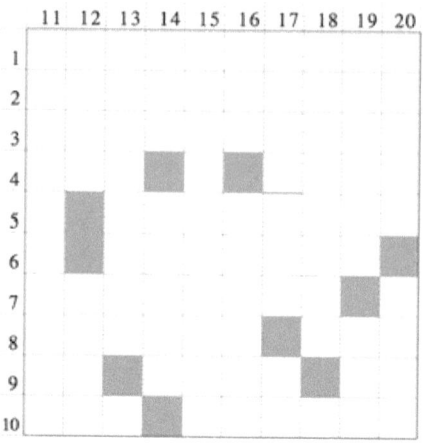

1. Elle vit aux dépens de celui qui l'écoute. - 2. Anciennes nouvelles. 3. Qui se fait remarquer dépassant. - 4. La raie ne l'arrête pas. Laissa sa succession à Élisée. - 5. Bien entendu, ce verbe fait penser aux rayons. - 6. Épiées, ou dont on a emboîté le pas. - 7. Homme d'esprit attaché à un corps. - 8. Sert au navire pour l'amarrer. Commune en Belgique. - 9. Mené au centre. - Des poissons qui ont l'air comprimés. - Au milieu de la dune. - 10. Rien que des os, ou pas du tout d'eau. - Un Germain au service de la France.

11. Manœuvres qui suivent l'embouteillage. - 12. Se dit d'un certain ton. - Pièce montée pour des cendres. - 13. C'est croire au Père Noël. 14. Plante officinale, ou emplacement idoine pour une officine. Métal doré ou argenté. - 15. La pulpe de son fruit est réputée laxative. - 16. Est partagé entre la Chine et l'ex-URSS. - Qui a bu, non sans abus. - 17. Expression latine qui, dans la langue de bois, peut renvoyer aux calendes... grecques ! - Note de sistre. - 18. Les relieurs y sont à l'ouvrage. - 19. Chant du « départ ». - Sans rien ajouter. 20. Mener devant les juges. - Nom d'oiseaux.

Problème n° 7

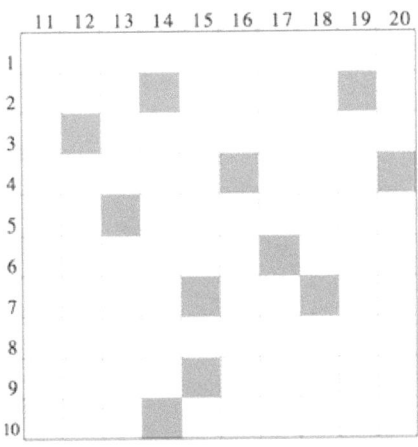

1. Ces oiseaux d'un commerce agréable sont couramment tachetés. 2. L'accord parfait. - Cet agent sécrète. - 3. Elles font des bons bonds chez des sportifs. - 4. Tamise à Londres comme ailleurs. - Manière d'avoir. - 5. Participe symboliquement à la mort-aux-rats. - Il procède à une évacuation. - 6. Travaille en façade. - Était partie d'Allemagne. - 7. Alcool issu du sucre de canne ou du riz, mais pas des Canaries. - Lettres faisant foi. - Un préfixe pour ce qui n'est pas. - 8. Beaucoup plus vites que dans l'instant-année. - 9. Demande des sous ou s'efforce de prendre le dessus. - Si la rose était une médaille, ce serait son revers. - 10. Palindrome de situation. - Sans commune mesure avec des mesures communes.

11. Comme ôtés de cinq heures. - 12. Un article qui vaut de l'or. Tirai une sonnette. - 13. Abris côtiers pour fruits de mer. - Elles sont faites à la fois d'ange et danger. - 14. Par-ci, par-là. - 15. Cible d'authentiques casse-pieds. - 16. En vie par envies. - Qui subit la séparation des classes. - 17. Du plaisir entre les lèvres ? - Nom d'un père. 18. Dont les parties sont encore là. - Soutien naval. - 19. Se penchent sur un sujet parfois tordu. - 20. Mot belliqueux, naguère. - Grandeur pharaonique.

Problème n° 8

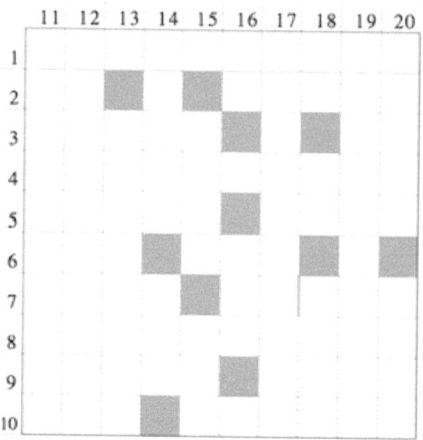

1. Fait revoir sa copie. - **2.** Aide à qualifier un titre. - On en connaît un rayon. - **3.** Soumise aux voix ou à la majorité silencieuse. - Ici en plus court. - **4.** Avec lui, l'étançon dure. - **5.** À d'autres ! - Son expression est juteuse. - **6.** Unité d'aire pour les terres. - Roi d'Israël, il y a bien longtemps. - **7.** Fin de partie. - Bien comme il faut. - **8.** D'une île. - **9.** La dernière grecque. - Physicien français, prix Nobel 1970. **10.** Associés à nouveaux dans les maternités. - Telle une solution qui ne pose plus question.

11. Intervention divine. - **12.** Ses ennemis y auront trouvé les premiers délits d'initiés. - **13.** Elles envoient le mortier pour faire le mur. **14.** Obtenir un résultat d'un fait néant. - Effet de bombe. - **15.** L'on ne vit plus, à son crochet. - Pianiste et compositeur français. - **16.** Personnel bien singulier. - Parfait homme de cheval, alors sans tort. **17.** Blessant, entaillant. - **18.** Très vieilles habitudes. - Au temps de la Chine sage et mesurée. - Est veille. - **19.** Remise en ordre. - **20.** Elle se trouve bien en chairs. - Qui est tu.

Problème n° 9

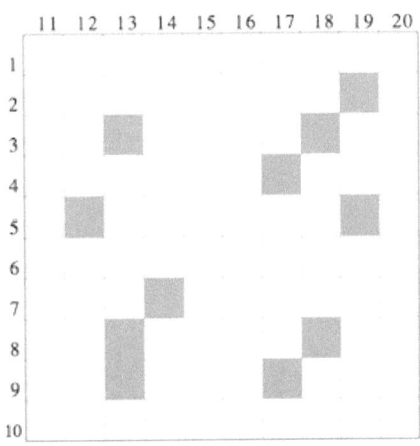

1. On y trouve, sans problème, des fruits à pépins. - **2.** Émets de bonheur. - **3.** L'ut sous un autre nom. - Enroule en spirale. - Symbole d'un corps simple. - **4.** Sans sa part, une phrase garde un sens à part. Majeur, pour un mineur. - **5.** Signe particulier. - **6.** Qui fait mouche, ne rate pas le coche. - **7.** Désigne quelqu'un en particulier. - Tendre la main en visant le cœur. - **8.** Commun à l'endroit et à l'envers. - Un animal dans la course. - Est, à l'excès, lent. - **9.** Peut désigner quelqu'un sans le nommer vraiment. - Fait tourner, non sans zèle, le moulin. - Jamais. - **10.** S'applique à la belle, tel un label. - **11.** Son rôle se borne à obéir aux instructions. - **12.** Avant l'Étape. - Fit comme un canon crachant l'obus... en vain ? - **13.** Vin d'une commune éponyme. - Apprêt qui rend une étoffe plus ferme qu'avant. **14.** Loue pour mener en bateau. - Ceinture au pays des judokas. - **15.** Clairvoyants n'ayant d'yeux que pour Dieu. - **16.** Distances entre elles, s'agissant bien d'ailes. - **17.** À la fin de la curée... ou bien avant. Ils ne visent pas le prix d'excellence. - **18.** Le point fort du joueur... ou joueur excellent. - Celui de la lame est peu épais. - Désigne vaguement. - **19.** Du nickel mélangé dans l'étain. - *A priori,* ce n'est rien. **20.** Même étrangère au milieu hospitalier, elle fait partie du corps enseignant.

Problème n° 10

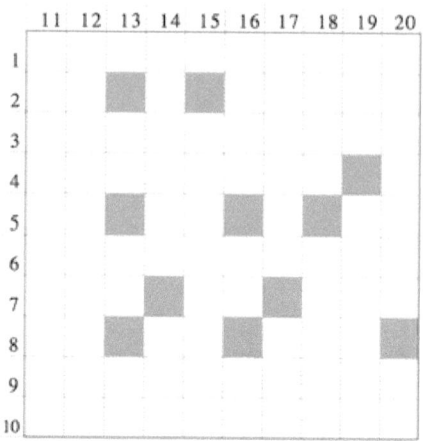

1. L'apercevoir peut être un signe d'étang. - 2. En montrant du doigt. User de dents, même dehors. - 3. On loue sa bonne mine. - 4. D'un fleuve au long cours. - 5. Sur la Tille. - A de l'étoffe, largement. - Il est étain. - 6. Est tenu au secret... ou à ne rien cacher. - 7. Il est censé ne pas perdre la boule. - Vache par amour. - Mauvaise conseillère. - 8. Bien roulé. - Protection rapprochée. - Baba pour un conte. - 9. Lorsqu'ils marchent bien, leur usage est courant. - 10. Bien couvertes.

11. Roi de l'arène, devant l'empereur. - 12. Son lait est « tournée ». 13. Vont dans le centre. - Personnel qui se retourne contre soi. - À toi. - 14. Concrètement, c'est une concrétion. - Leur jeu est à points. 15. D'une péninsule. - 16. Soumis à l'épreuve du temps. - Symbole d'un métal blanc comme l'argent. - Pas mal appris. - 17. Il faut être trop à bile pour l'avoir. - Le prendre peut être un vol, mais pas un délit. - 18. Indice pensable pour une enquête. - Se payer sa bobine évite de se brûler les mains. - 19. Vieux loup. - Comme sillons l'avaient marquée. - 20. Qui n'est pas juste. - Abréviation de sinistres souvenirs.

Problème n° 11

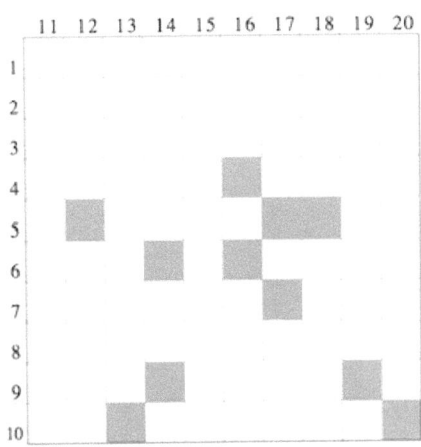

1. Signes de reconnaissance. - **2.** Qui, en poste, peut recevoir un nouveau mandat. - **3.** Si elle fait les gorges chaudes, toux vient de là. - **4.** On peut s'y accommoder, au reste, d'un repas sage. - Naît en Moravie. - **5.** Qualifie un métal bien couvert. - Suppose une suite. - **6.** Général sudiste. - Face à cette affection, on voudrait se voiler la face. **7.** Jettent quelque lumière sur les toiles en les teignant. - Était à la solde des gens d'armes, ou pour leur protection. - **8.** Veiller aux grains. - **9.** Grecque. - Qui n'est pas clair semée. - **10.** Possédé. - Restent envies, tant qu'ils ne sont pas assouvis.

11. Discipline à laquelle on ne saurait se soumettre les yeux fermés. **12.** Fondateur de l'Oratoire. - Serre-vis. - **13.** Les plus proches... ou les plus lointaines. - **14.** Il habite l'île. - Demi-cent. - **15.** Il faut certaines pressions pour l'obtenir. - **16.** Dignitaire oriental. - Font aller obus. - **17.** Maréchal fédérateur. - Un mot pour un autre. - **18.** Répète toujours la même chose. - Mettre au secret, taire. - **19.** La ligne avec ce crin ne craint pas d'être coupée. - **20.** Leur train ne les empêche pas de prendre le TGV.

Problème n° 12

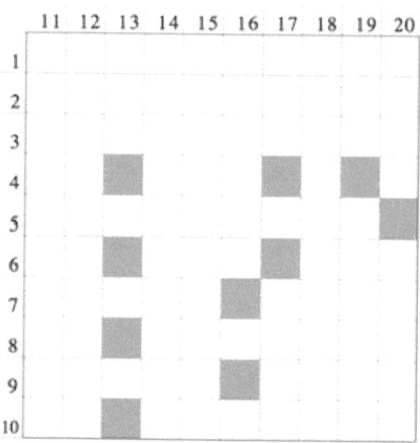

1. Qui tient au corps. - 2. Fait filer les étoiles. - 3. Quand sa cause n'est pas simple, les procès durent, durs... - 4. Un peu titane. - Soutien de famille. - 5. Reptile porté disparu. - 6. Marche. - Solution ad hoc pour tenir le navire ; doublé, l'ami d'un capitaine. - S'adresse à un proche. - 7. Son amie était Cybèle ! - Ils ont besoin d'interprètes pour être entendus. - 8. C'est nickel. - Armoire à glace. - 9. On peut y voir l'art régner. - Noix dans l'alcool. - 10. Enfin au début ! - À bon, c'est tout bon !

11. Qui retient l'attention, provoque la tension. - 12. Elle fait l'objet d'intérêt, à juste titre. - 13. En roue est sa gorge. - 14. Qui est attachée à un siège. - 15. Ils ne se font pas prier pour jouer dans les lieux saints. - 16. Monnaie d'échange. - 17. Grecque ou basque. - La doctrine cathare y serait née. - 18. Espèce de moule. - 19. Le gros enrichit. - Coauteur de la première tragédie anglaise. - 20. Un de Troie. Moitié d'un amour éternel.

Problème n° 13

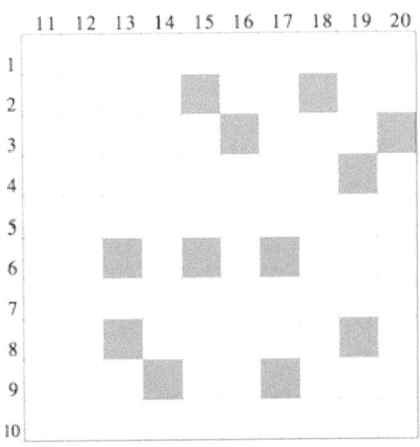

1. Femme savante. - 2. Elle sert à boire ou à manger. - D'un métal radio-actif. - À peine plus qu'aucun... ou aucun finalement. - 3. Verre en bleu. - Pour la Vierge, lors du service, qu'on prie. - 4. Un mot qui va dans le sens du poil. - 5. Correspondance en dix lettres. - 6. Un peu de titane dans l'étain. - Elle touche le fond. - 7. Qui peuvent finir en traits passés. - 8. Unité chinoise. - Participe du roi de l'arène. - 9. Doublé, il se retrouve à la queue. - Note de route. - Manière d'être. 10. Elles rejettent l'eau par le bas.

11. Une chute sans grande conséquence. - 12. À l'excès, peuvent finir par dégoutter. - 13. Pareille au même. - Mot d'usage... pas vraiment courant. - 14. Reste d'une opération. - 15. Il doit sa forme au T. Suite royale. - 16. Doublé pour rire. - Il se jette à la mer, mais c'est elle qui se meurt. - 17. Pas de côté. - Un peu de béryllium dans le tube. - 18. Elles trompent l'ennui à la tombée du jour. - 19. Pour qui les Mystères de Paris valaient Rome en feuilletons. - N'occupe pas le dessus du pas niais. - Tiens dans le sud ! - 20. En plein vent. - Elles ne recherchent pas l'avancement.

Problème n° 14

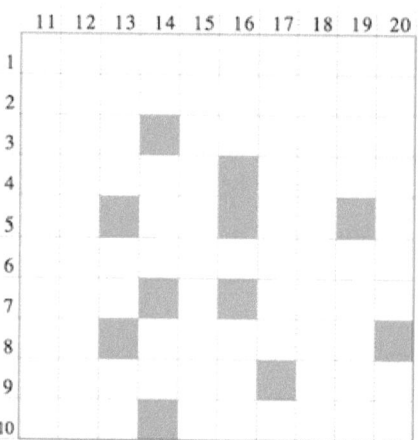

1. Guette celui qui lit une histoire à dormir debout. - **2.** C'est une histoire de fous. - **3.** Petit grain. - Ce n'est pas que les œufs durent, ils sont cuits ! - **4.** Préparation faite pour Noël. - Ce n'est pas juste. - **5.** Soleil d'Égypte. - Lettres d'amour. - Un morceau d'iridium dans le fond du tiroir. - **6.** Qui va par monts et par vaux ou de port en port. **7.** Le yin et le yang. - Prends corps. - **8.** Mammifère paraissant paresser. - Vieux bleu. - **9.** Plantes à fleurs jaunes. - Le savoir fer ne suffit pas pour donner l'aire cultivée. - **10.** A un sens propre, même au figuré. - Comme qui dirait... dans la Lune !

11. Attaché au bon, par son action. - **12.** D'une congrégation religieuse. - **13.** Mesure une terre anglaise. - Elle se fit envoyer paître. Clé. - **14.** Un peu de neige. - Marque de désaccord. - Vaut un tiers. **15.** Comme des mousses que nous savons douces. - **16.** Population thaï de la péninsule indochinoise. - D'un enzyme. - **17.** En astronomie, apprécie l'univers cité. - **18.** D'une province de France. - **19.** On ne peut dire que frapper les monnaies n'est point son usage. - Va au charbon, tel label au bois dormant. - **20.** Mis dans une vraie fosse. Délimite un cercle.

Problème n° 15

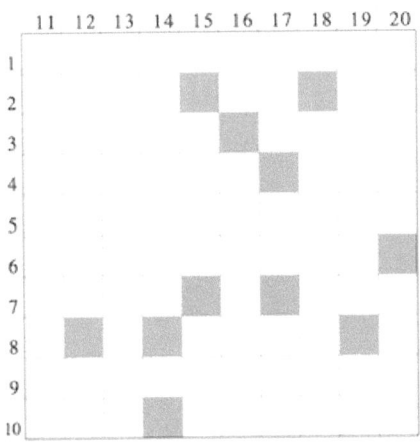

1. Qui ne regarde qu'une seule personne. - 2. Saint dont une congrégation prit le nom. - Lac. - Ne laisse pas le choix. - 3. Si face au rapace, telle un rat passe, bientôt en trépasse. - Ça fait douze zéros, en plus ! - 4. Comme un tout petit pavé dans la mare. - Bien familier. 5. Perte de contrôle. - 6. Comme un corps touché par lame. - 7. Un continent. - Une colère presque oubliée. - 8. On peut lui faire avaler des couleuvres. - 9. Qui peut désaxer par son oubli des accents. - 10. Oui, il y a longtemps. - Dans le lac ou l'étang, c'est là qu'il passe son temps.

11. A ses entrées chez les artistes. - 12. On les a dans le nez. - Niés à moitié. - 13. Système qui contient en soi l'année en mois. - 14. Écrivain espagnol. - 15. Dans une expression visant à une saine émulation. - Ne cherchons pas plus loin ! - 16. L'amour la transforma. - Luths au XVIe siècle. - 17. Présent pour le futur. - Espace de temps, en raccourci. - Son histoire finit à l'eau. - 18. Il meuble son temps dans les bois. - 19. Tenir tête au canasson. - Clef en portée. 20. Bonne pâte. - Jadis l'instrument de spécialistes ès crimes.

Problème nº 16

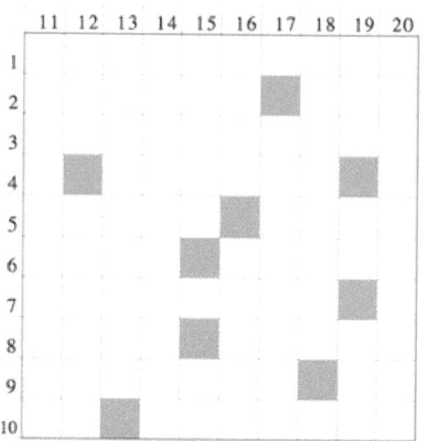

1. Signe apparent d'un des astres. - **2.** Auxiliaires d'opérations. - Mis hors d'œufs. - **3.** Passent les modes, elles sont toujours dans le vent. **4.** Penser au présent. - **5.** Leur peinture n'est pas académique. Vieux conservateur dont on ne s'est pas encore départi. - **6.** Qui n'est pas tue ou que l'on avoue. - Des monts bretons peu effrayants. - **7.** Mises en ordre. - **8.** Critères pour vigie. - Précipitations. - **9.** Substances bien connues que certaines espèces sécrètent. - Grâce à lui, les croisées ne sont pas tant pliées. - **10.** Annonce des spécialités. Chassés comme des lapins.

11. Comme le loup-garou ou connu comme le loup blanc. - **12.** Quand on dit : canton suisse ? - Rois des aires. - **13.** Qui ne manquent pas de réflexion. - **14.** Qui ne devrait pas donner de chaud effroi. - **15.** Qui, de servir, n'ont pas eu l'occasion. - Grecque dans une académie. - **16.** Franchir le Rubicon ou se jeter à l'eau. - L'huis ouvrir en grand. - **17.** Son rôle est de faire bonne impression. - **18.** Qui va en dedans, en parlant d'anthères. - **19.** Cheville qui ne risque pas d'enfler. - Début de révolte. - Indien d'Amérique du Nord. - **20.** Elles aiment des tests.

Problème n° 17

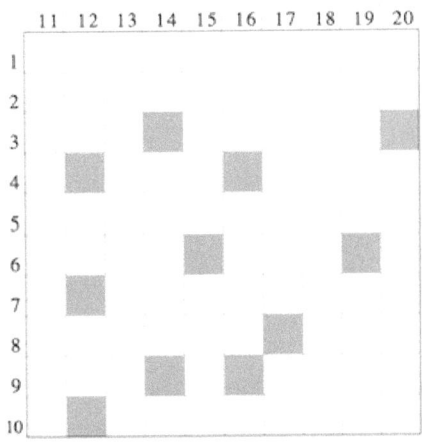

1. Elle peut briser les liens et le cœur. - 2. Qui démontre que la lumière est un produit de lux. - 3. Prête pour l'académie. - Peut être mise en pièce pour diviser. - 4. Tel un pied-de-poule qu'on échangerait bien volontiers contre un neuf. - Important pilier. - 5. Divers divertissements. - 6. Moitié d'un couple. - D'un homme d'État japonais. - 7. Se livrer à quelques débordements. - 8. Vers d'eau. - A cours en Chine. - 9. Tir désordonné. - Un des sens. - 10. Zones qui, en certains sens, incitent à sexe primer.

11. Affection pouvant toucher le cœur. - 12. Protégeait les gens d'armes ou servait à leur solde. - C'est enfantin ! - Fin de verbe dans le verbe, ou symbole chimique. - 13. Lâcheté pour un vendu. - 14. A cours à Saint-Omer. - Casse-pieds chez les équidés. - 15. Glisser comme il ne faut pas. - Élève destiné à de hautes fonctions. - 16. Oiseau palindrome. - Raisons d'état. - 17. S'évertue aux vis. - La Terre mère. - 18. De quoi appeler les pompiers en criant à l'eau ! - 19. Met le feu au pavillon. - S'est fait suffisamment entendre pour ne pas manquer de voix. - 20. Nouveau, tous les espoirs lui sont permis. - Il faut savoir reprendre les siens, pour qu'ils se manifestent en corps.

Problème nº 18

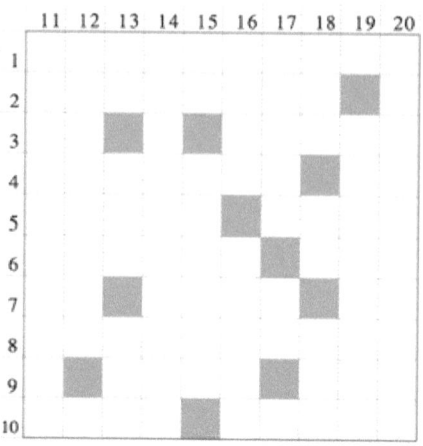

1. L'art et la manière de prendre avec des pincettes. - **2.** Un adjectif pour des prête-noms. - **3.** Note en musique. - Fit une apparition. - **4.** Partie d'une fugue avec un air de revenez-y. - À ce qu'il paraît, il paresse. - **5.** Il reste interdit, ce qui n'est pas défendu. - L'Irlande en poèmes. - **6.** Suffisant pour un appétit d'oiseau. - État ou rendit en mauvais état. - **7.** Agent de liaison. - L'Amour chez les Grecs. - Quand on tombe dessus, c'est qu'il y a un problème. - **8.** Elles font descendre l'échelle. - **9.** Le coin du bois. - Elle peut prendre toute la couverture. - **10.** Sujet à un manque de soins. - Faire vibrer un instrument à lame.

11. Agents de liaison. - **12.** Bleu, dans un ciel bleu. - **13.** Drame au Japon. - Avec le temps, ils font les grandes rivières. - Si ce n'est pas du vol, ça y ressemble. - **14.** Qui se met toujours en avant. - **15.** Du côté de Vesoul. - À ce jeu de chevaux, qui s'y frotte s'y pique. - **16.** Formule ses impressions ou imprime des formules. - Parles du ventre, en quelque sorte. - **17.** Sert au cerf volant vers le salut. Début de supposition. - **18.** D'où vient levant. - Ainsi commence le ruisseau. - Mot dit au mariage, maudit au divorce. - **19.** Pense pour ne pas blesser. - **20.** Battre le pavé.

Problème n° 19

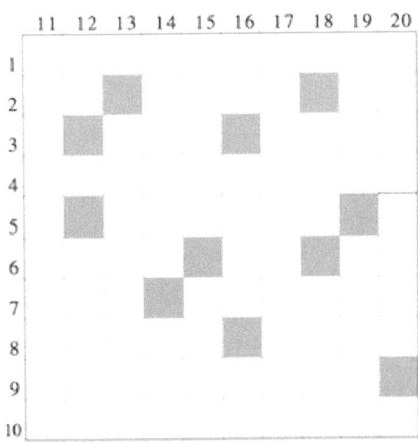

1. Il tenaient le haut du pavé en mai 68. - 2. Tout particulier, en général. - Il lie la sauce. - Pour une surprise ! - 3. On peut la voir en Berne. - Dessin ou dessein. - 4. Travaillais à fleur de peau. - 5. Renard du désert. - 6. Sont en corps vivants. - Connue pour être sur la Tille. - Un peu de fer dans le feu. - 7. Suit le tic sans défaut. - À l'en croire, il faut que l'on s'y fasse, les dés sont jetés. - 8. Fis de deux choses l'une. - Ce mille-pattes s'enroule comme une coquillette. - 9. Pour définir cette entrée, on peut décider que c'est tout vert. - 10. Utiles pour commander comme pour recommander.

11. Invite à mettre de l'eau dans son vin. - 12. Pour situer. - Cadeau surprise. - 13. Cupidon n'est pas sans cible en ce domaine. - 14. De bouche à oreille. - Un service pas vraiment rendu *(angl.)*. - 15. Écrivain suédois. - Célèbre couturier. - 16. Signe de familiarité. D'un seul ton, s'entend. - Pour désigner. - 17. Possible signe extérieur de richesse intérieure. - 18. Sorte d'entre-côtes. - Le Grand était un sultan. - 19. Siamois. - Qui fait l'objet de poursuites. - 20. Impolis sont.

Problème n° 20

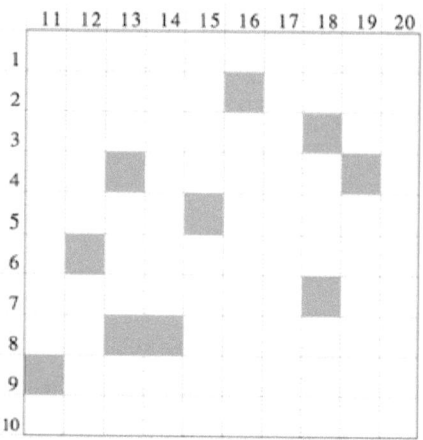

1. Régime permettant d'arriver à ses fins. - 2. À ce moment-là... Précède une européenne, en langues. - 3. Quelques pastis grenadine. Vieille langue. - 4. Usages dans l'usage. - Quittai totalement la partie. 5. L'argent des Espagnols. - Demeure de glace. - 6. Elle peut vivre d'obligations... sauf celle de travailler ! - 7. Occupais bien les espaces. Annonce une suite. - 8. C'est toujours ainsi que les ennuis commencent. - Suivent le cours des choses. - 9. Avant qu'elle ne travaille à son tour, il faut bien qu'elle paraisse... - 10. Qui reviennent sans cesse sur le tapis... ou le tamis.

11. Fait d'arriver à point. - 12. Une voisine de la sardine. - Peut être un pilier de bistro. - 13. Il permet de s'appeler. - Partie de cheval. Élément solide. - 14. Pour un athée, il serait dit vain d'attendre leur réponse. - Font partie des coutumes. - 15. Langue balte. - Imita la burgaudine. - 16. Affaires d'impressions. - 17. Qu'ils fassent que les rides s'effacent et les sourcils s'épilent, c'est leur vocation. - 18. Raccourci pour une route. - Elle fait office de refuge pour qui se perd en mer. - Manière palindrome d'avoir. - 19. Ce qu'ils ont créé était considéré comme Bénin. - Ville de Galice. - 20. Elles nous arrivent à peine à la cheville.

Problème n° 21

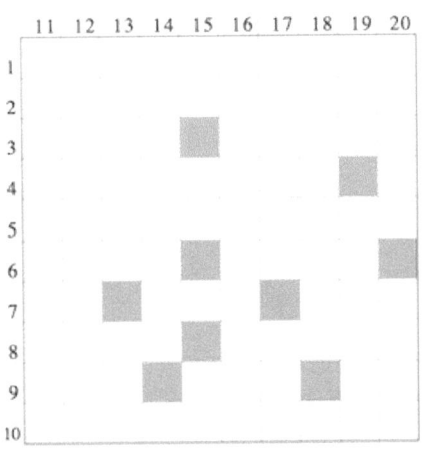

1. Recherche dans l'intérêt des familles. - **2.** Si mouillé qu'il faut un caractère bien trempé pour n'en être point dégoûté ! - **3.** Quelques temps. - Fondateur du Festival d'Avignon. - **4.** Sa valeur peut attendre le nombre des années. - **5.** Pour diviser ou multiplier, on ne saurait s'y soustraire. - **6.** L'épreuve pour qui cherche les preuves. Commune au Brabant. - **7.** Il a un rapport avec toi. - De là vient la lumière. - Dépêche dont on récolta une guerre. - **8.** On ne craint pas de leur confier une charge importante. - Le bout du tunnel. - **9.** Une mère à la mer. - Partie d'un ancien franc. - Longuet, à la fin. - **10.** Comme une viande susceptible de nous laisser sur les nerfs.

11. Tremblait comme une feuille, mais pas d'effroi. - **12.** Cible potentielle des anti-occident. - **13.** Elles font partie de la famille. - Un peu d'âme ou un peu dame. - **14.** Victimes de la politique de la terre brûlée. - **15.** Un point c'est tout. - Possessif pour toi. - Met en condition. **16.** Si cette ascension ne leur convient pas, les esprits terre à terre peuvent toujours l'éviter. - **17.** Se répètent dans un chapelet. - Participe à une expression corporelle. - **18.** Espèce de brebis. - **19.** Spécialiste de la mise en boîte. - Mus ou émus. - **20.** C'est personnes. Populaire dans l'Hérault.

Problème n° 22

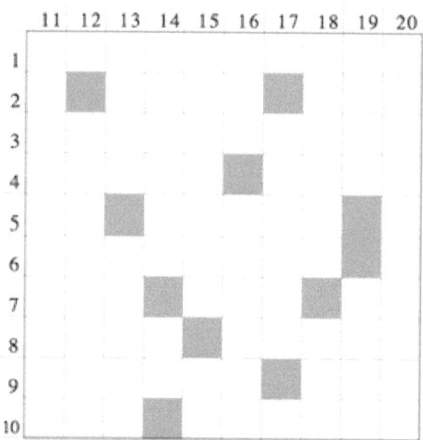

1. A toujours été au solstice d'hiver. - **2.** Mesure de longueur, dans le temps. - Numéro un en France. - **3.** Qui touche à tout. - **4.** Objet de convoitises. - Changer de ton. - **5.** Unité de longueur pour un certain temps. - Belge, ou tissu fourni par l'écorce. - **6.** S'opposent à la grande loge. - **7.** Manière d'aller. - Titre au pays de la stout. - Lettres royales. - **8.** L'Irlande gaélique. - Comme une arrivée de bonheur. - **9.** Une punaise dont on ne se pique généralement pas dans les salons. Voyage au Tyrol. - **10.** Temps variable. - Entrée grossière, sortie polie.

11. La bague au doigt se mariant avec la noblesse. - **12.** En faire voir de toutes les couleurs. - **13.** Causé par un moustique, il se manifeste après un certain temps. - À prendre pour ne pas être pris. - **14.** Une si petite voie qu'elle peut aller jusqu'à s'étrangler. - Où se trouve l'Eudois. - **15.** Ils sont la conséquence d'un manque de chaleur. C'est une façon de voir ! - **16.** Fait la démonstration. - Passés par une certaine filière. - **17.** Qui n'est pas resté en travers de la gorge. - **18.** Payés d'une manière familière. - Qu'il devienne un nectar vient d'un art consommé. - **19.** Île du Pacifique. - Casse antillais. - **20.** Si une mouche l'a piqué, ce n'est pas celle du sommeil !

Problème n° 23

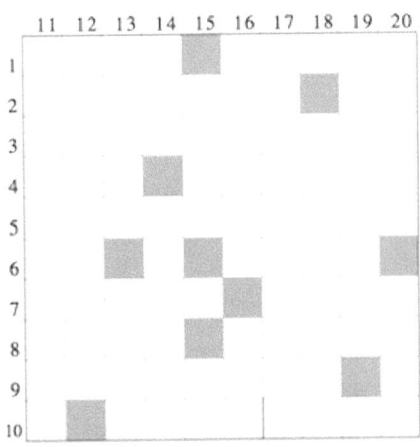

1. Bretonne envahie par la mer. - Ce repas mettait en scène les premiers chrétiens. - **2.** C'est pour rire ! - Il vaut sûrement plus que... dissous ! - **3.** Pas faits ou non exaucés par les fées. - **4.** En rester, c'est ne pas en revenir. - Crée des liens. - **5.** Blanchis après avoir pris un savon. - **6.** Illustre anonyme. - Arrêtent les poissons, les empêchent de filer. - **7.** Elle fait se retrouver sur la paille... entrelacée. - Enjeu ou démon... du jeu ! - **8.** Doublé, n'est pas en froid avec les gelées. Brême la voit passer. - **9.** Du boulot pour qui aime arrondir les angles. - **10.** Des traités y furent signés à l'encre de Chine.

11. Fan jusqu'à l'amour vache. - **12.** Corps noble. - **13.** Châsse au trésor. - Sens de la mesure. - **14.** Crie comme une bête à bois. - Allai trop loin. - **15.** Si on le voit dans les schistes cristallins, ce n'est pas de la poudre aux yeux. - Mère des Titans. - **16.** Dans un certain milieu, a une prédilection pour les côtés. - L'unité des deux Corée. - **17.** Plainte en un murmure. - **18.** Elles ne sont pas frappées du sceau de l'intelligence. - **19.** Si on aime ses vers, on boit ses paroles. - **20.** Point commun entre l'Écosse et les cosses. - L'Irlande des vers.

Problème n° 24

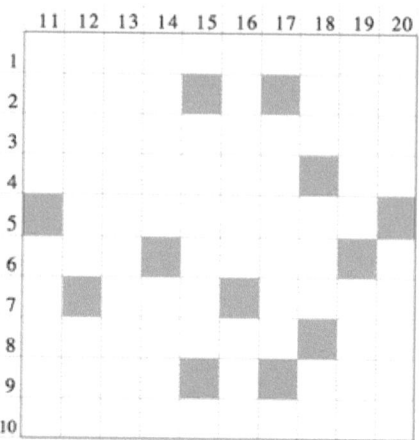

1. Ses affaires louches demandent de l'avoir à l'œil. - **2.** Une pièce qui se joue sur un vaste théâtre. - Met les oiseaux sur la paille. - **3.** Brio, firmament de l'art. - **4.** Qui, sortie de ses gonds, est susceptible de prendre la porte. - Dans la dent. - **5.** D'une mer éponyme. - **6.** Quantité négligeable. - Clef impériale pour Berlin. - **7.** On préfère le garder si ça ne va pas. - Elle est née dans le Perche. - **8.** Dans leur corps peut rentrer lame à volonté. - Finit de vider les bouteilles. - **9.** Mouiller aux pores. - En Suisse. - **10.** Vont naturellement à la selle.

11. Quand on l'a sous la dent, la couronne nous attend. - Le repos désordonné du poète. - **12.** Qui, détruite, vagabonde... - Pouvoir passé. - **13.** Qui s'écarte d'un type normal. - **14.** Ce voilier a un seul mât, voilà tout ! - Lettres romaines. - **15.** Une affection qui a de quoi faire pleurer. - **16.** Ses baies noires ne sont pas conseillées pour se rafraîchir. - Légalité censée établir l'égalité. - **17.** Filets qu'on laisse traîner, ou traînes qu'on laisse filer. - **18.** Comme deux égale un. - Quand on la dit de vie, elle peut la faire perdre. - Cité autrefois. - **19.** Ils ont généralement un point de vue intéressant. - Même s'il est fou, on ne l'enferme pas. - **20.** Délices dans un jardin fleuri. - Se lancent et se relèvent.

Problème n° 25

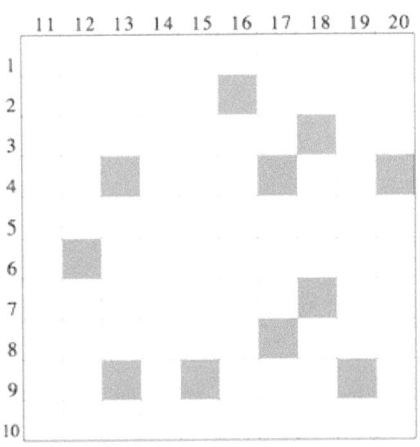

1. C'est une chanson populaire. - **2.** Elle est taux maximum. - Écot logique dans une répartition équitable. - **3.** C'est l'enfance du sourire, ou vice versa. - C'est-à-dire : *id est*. - **4.** Passage obligé pour qu'ainsi cylindre tourne rond. - Coule en Méditerranée. - Tant de temps vaut une révolution. - **5.** Si elle est rite, c'est du service athée. - **6.** Répond oui à *Objets inanimés, avez-vous donc une âme ?* - **7.** Vue sous quelque perspective. - Esperluette quand il est commercial. - **8.** Chanteur populaire. - Fait l'appel ! - **9.** Partie de rigolade. - Aux échecs il est sujet, bien que souverain. - **10.** Traitent du lait.

11. Il permet d'épouser les courbes de manière adroite. - **12.** On ne peut pas nier que ce saule puisse être un peu plié ! - Instrument d'un soulèvement. - **13.** Mis en marche. - A l'air d'en manquer. - **14.** Attention ! - **15.** La faim du monde en est une cause. - **16.** Vers s'axant sur trois accents. - **17.** Bois sombre des forêts tropicales. - Un sigle dans le sigle comme dans l'enseigne. - Entre deux propositions. - **18.** Manifeste un esprit de contradiction. - Sert à relier. - Chez certaines femelles ou mal. - **19.** L'abc ou l'xyz des mathématiques. - **20.** Manière d'être. - Dont les tâches ont été proprement menées à bien.

Problème n° 26

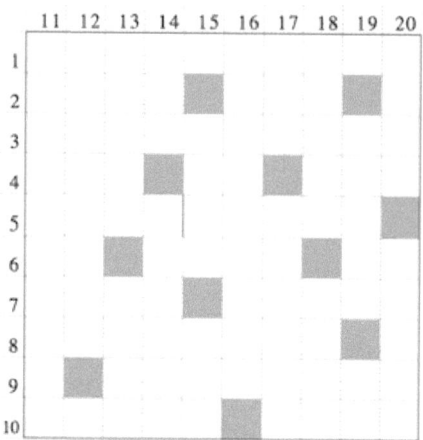

1. Table d'opérations. - 2. Qui se dit par la voie de la parole. - Oiseau chamarré. - 3. Coup de froid chez les insectes. - 4. Devenu commun, comme un leitmotiv. - Note en luth. - Tierces personnes. - 5. En deux mots, par le fait même. - 6. C'est la négation même. - L'on s'accorde à dire que ses règles le rendent invariable. - On en sort normalement avec un certain soulagement. - 7. Espèce de perroquet... en plus réfléchi. - Le parfumeur y reconnaît l'iris les yeux fermés. - 8. Des cercles en font leur pré carré. - 9. Qui sont en désaccord avec des accords classiques. - 10. Que l'on a à l'œil. - Lieu privilégié des histoires cochonnes...

11. Il faut une certaine licence pour la pratiquer. - 12. Devin consacré odieux, il portait un vif intérêt à ce que ses victimes avaient dans le ventre. - 13. Percées en forêt. - Imitai la hulotte ou traitai de noms d'oiseaux. - 14. Serre à volonté. - Du Moyen-Orient il se jette à la mer. - 15. Il privilégie une conduite intérieure. - Un peu de Grèce dans l'Égée. - 16. Voit le petit mis au lait. - 17. Beaucoup de temps passé. - Fis le tour. - 18. Déesse de la Fertilité. - Christiania autrefois. 19. Amuse sans coup férir. - Une forme de possession. - 20. Manière d'exister. - Marque l'arrêt.

Problème n° 27

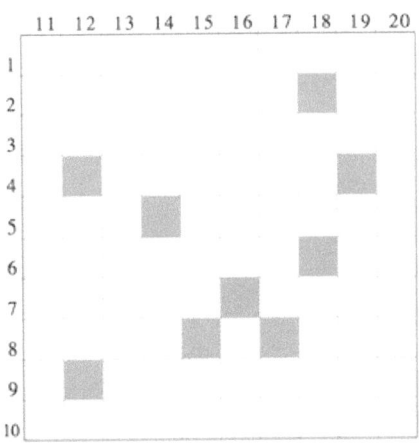

1. Pour qui un acteur est digne des loges. - 2. Vu du ciel, un clair de nos terres. - Fond de roulement. - 3. Rien à faire, on n'y coupera pas ! - 4. Dont on a pris la mesure. - 5. Tel un parquet qui ne connaît pas les inégalités. - Se montre à la hauteur ou garantit la chute. - 6. Qualificatif général de situations particulières. - Entre dans la composition de l'erbium. - 7. Avec elle le couvreur finit par en venir au faîte. - À feu elle est susceptible de refroidir. - 8. Ouverture au violon. Premier de France. - 9. Pas bien vue ou pas bien du tout. - 10. Remises au magasin.

11. D'art ? dare ! voilà un métier qui ne manque pas de piquant ! - 12. Sert à la ceinture. - Société en nom collectif. - 13. Fait de l'esprit. 14. A son lac en Lombardie. - Ils n'annoncent rien de bon ! - 15. Une distinction pas toujours honorable. - Habitudes en usage. - 16. Vieille pie. - Alourdit la facture. - 17. En Algérie, au nord des monts éponymes. - Vin de Champagne. - 18. Se fait doubler dans une queue. - Tranchée sur le champ. - 19. Bœuf qu'on ne trouve plus sur les étals. - De peine, elle libère après délibération. - 20. Rendus sereins, soucis envolés.

Problème n° 28

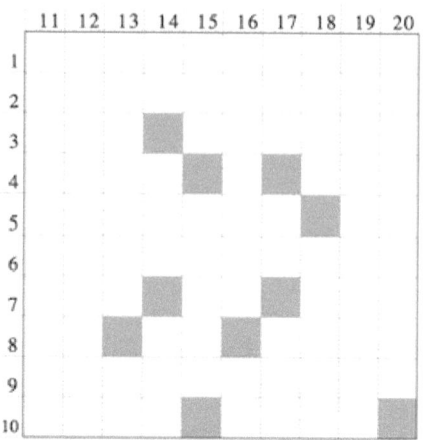

1. Mettre au goût du jour. - 2. Interruption du son. - 3. Un condiment dans le chandail. - En appelle au peuple. - 4. Suit la vague et la vogue. - Garçon de courses. - 5. Victimes d'un défaut d'assurance. Moitié d'un demi. - 6. Passait délibérément de jugement en jugement. - 7. La messe est dite, en fin. - Note dans le tutti. - Elle fait preuve de forts caractères. - 8. Du chrome dans la carrosserie. - Le dix-huit sur une table. - Mise de côté. - 9. Le soleil, ils en connaissent un rayon. - 10. Était souverain en Russie. - Droit d'entrée, en quelque sorte.

11. Son traité était un pari capital pour l'Europe. - 12. Qui s'entêtent encore et encore. - 13. Source des Dolomites. - Cela vous situe. - 14. En la matière. - Qui ne manque pas de son. - On ne saurait s'en passer sans passer de vie à trépas. - 15. L'aval pour un encaissement. Se déverse près de Porto. - 16. Disent nom. - Le vingt-et-un sur une table. - 17. Bois en milieu humide. - Le cinquante sur une table. Enlevé et sauf. - 18. Qui ne trouve pas à qui parler. - Presque autant que ce vent... - 19. Où peuvent se trouver les cafés qu'on sert. - 20. Qui n'en sont pas à leur coup d'essai.

Problème n° 29

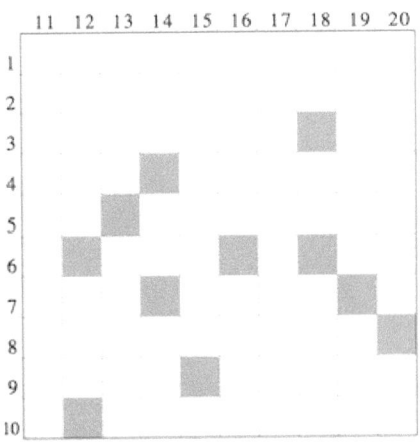

1. Répareras une atteinte au front. - 2. Permet de joindre les deux bouts. - 3. Il peut être d'argent. - Un endroit où ça marche ! - 4. Pluralité de ton. - Quoique petite, elle causait une éruption. - 5. Un peu d'iridium dans l'air. - Ils vivent en dépression mais s'en portent bien. 6. Sert à relier. - Lettres de guerre. - 7. Partie de Grèce. - Quand elle est courante, on s'y tient. - 8. Comme des cocos coquins. - 9. Ce n'est pas en vain qu'il transforme le sang. - Sa résine amère est employée en teinture. - 10. Commune ou comme une eau.

11. Assurait la faim du régiment. - 12. Boule-de-neige. - Se permet bien des choses ! - 13. Plus ils sont gros, plus on les apprécie. - Il fournit une huile suffisamment essentielle pour qu'on la vende. - 14. Objet de séparation. - Fait bonne mesure en Chine. - Une mère qui n'a pas craint de se jeter à l'eau. - 15. Son poids peut être une tare. 16. Aspiration enfantine. - Esclave égyptienne pour Abraham. - 17. Fit naître des étoiles dans les yeux. - 18. Éclairait les pharaons. Présent dans le trésor. - À son enseigne, on peut dire que c'est une lumière ! - 19. Rencontres de droites. - Il est dit manche au tennis. 20. Victime d'une agression. - Personnel en début de service.

Problème n° 30

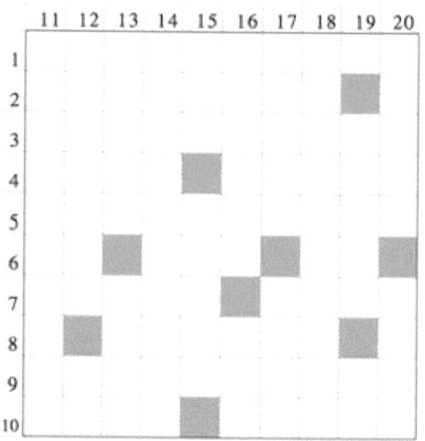

1. Qui rend présent à l'esprit ou les esprits présents. - 2. Copie conforme. - 3. Vieux cuivre. - 4. Annotation... dans la notation. - Elle est irrésistiblement attirée par l'Aar. - 5. Dans l'eau elle n'offre pas de solution. - 6. Personnel commençant le mercredi. - Non dits. - Il en faut plus d'un pour faire le mur. - 7. Prophète biblique. - Il y a vers et verre, mais chacun a le sien ! - 8. Un texte qui puise à plusieurs sources. - 9. Ce volatile s'envola-t-il ? Pas encore de ses propres ailes... - 10. Pour les incroyants, c'est du vent ! - Après sans pour ne jamais s'arrêter.

11. Homme de biens. - 12. Elles laissent les armes blanches ouvertes. Double voyelle dans les Pyrénées. - 13. Quand elle se déclare, oui... elle nous échauffe les oreilles ! - Au fond, il appert côté mer. - 14. L'origine des meilleurs chocolats. - 15. Un peu d'athlétisme dans le Hainaut. - Jouent des pieds, mais pas des mains. - 16. Couvre-chefs. En un sens, va au charbon. - 17. Jeux de scène. - Aussi par la peau lisse, sécrète. - 18. Qui vivent chez les autres, à la manière du pinnothère. 19. Elle aime les vieux arbres. - Une bonne carte qui finit le tas. 20. Célèbre pour son temple du Soleil. - Qui laisse peu d'espace, comme les pousses poussent.

Problème n° 31

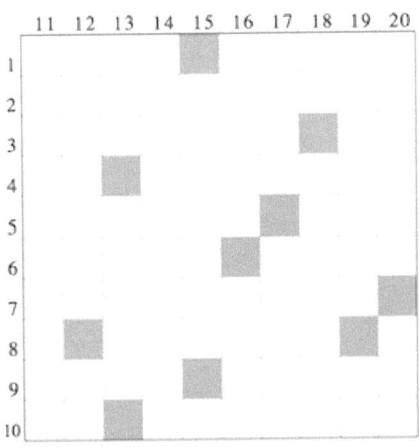

1. Vaut rien. - Mode de communication qui va des points aux traits et très au point. - **2.** Voit le lit déborder. - **3.** Tiendra les rênes comme les rennes. - Note en fin de tout. - **4.** Vieil accord. - Il peut s'inscrire en gothique dans un vieux roman. - **5.** Hommes de loi comme Samuel... mais pas dans le même ordre. - Est vraiment nul aux échecs. **6.** En flamand, ville que 1918 laissa en cendres. - Où, hier, on allait au charbon, faisait carrière. - **7.** D'une façon alerte, comme pour la donner. - **8.** Une nymphe au sommet. - **9.** Saint invoqué lors de la perte des eaux ou évoqué lors de certains feux. - Petits de Lyon. - **10.** Cours court. - Il nous en fait voir de toutes les couleurs.

11. Ne pas respecter la vie d'autrui. - **12.** Qui d'une certaine vision des choses peut faire deuil. - Déchiffré des lettres. - **13.** Il tient les rênes, si ce n'est la reine, d'une nation souveraine. - Célèbre pour son Derby. - **14.** Prennent des mesures sur les ondes. - **15.** Qui voit sa beauté sabotée. - **16.** Autre nom d'époux. - Il voue sa science au culte. **17.** Pris partie, à tout le moins. - Vin de Bordeaux. - **18.** Le côté gauche de la rive. - Du chef marquent leur accord. - **19.** Assemblant pour de bon. - Élément présent dans la terre comme dans la mer. **20.** Grise comme un mauvais verre. - Mi-mouche.

Problème n° 32

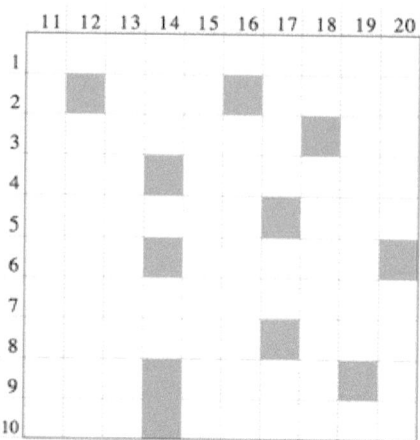

1. Elle donne « sang » ne plus s'arrêter l'air en saignement. - 2. Dix sur dix aux champs. - Ne croire en rien ou l'écrire dans le désordre. 3. Art d'amants. - Non d'enfant. - 4. Qui n'ont aucune tenue. - Devient sans zèle, sans envolée. - 5. Ils sont tous contraints. - Évoque certaines sensibilités. - 6. Seul, il tape à l'œil ; redoublé, il frappe à la porte. - Elles font bouger les mors. - 7. Latente ou dans l'attente. - 8. Une douce heure d'après-midi. - Manie, même sans les mains. - 9. Être dans une certaine forme. - Mille-pattes en spirale. - 10. Remplace plus d'un son. - Sont dans un certain ordre.

11. Passés de la suggestion à la sujétion. - 12. Aussi dit commandement. - 13. Dont les canons n'ont pas été respectés ou victimes de tirs. - 14. Ces fils ont contribué à voir les arts régner. - Suit le docteur. - 15. Revenant. - 16. On le reconnaît à vol d'oiseaux. - 17. Sainte qui de Marie fut enceinte. - Le milieu du panier. - Est à laize pareil. - 18. Ont déjà connu bien des fronts, parfois l'affront. - Cette huile est censée économiser le gazole. - 19. Il fait un voyage au long cours en Asie. - 20. Inspire ceux que la poésie amuse. - Protégeaient les gens d'armes ou mettaient à l'abri du besoin.

Problème n° 33

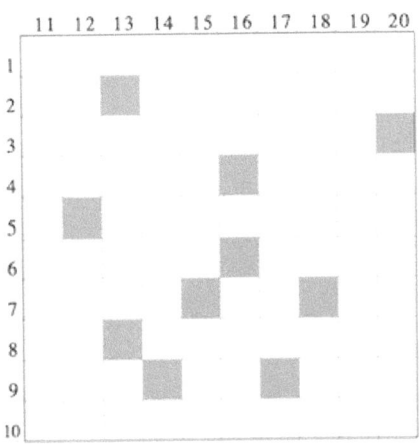

1. Beaux bars pour bardeaux - **2.** Auteur de la *Mort accidentelle d'un anarchiste* ou symbole d'une force ouvrière. - C'est du joli ! - **3.** Chroniqueur français du XIVe, né à Valenciennes. - **4.** Mis autour d'une table. - Lire en italien. - **5.** Sujettes à une attraction. - **6.** De la paille, elle en est tissu. - Une certaine forme de savoir. - **7.** Escarpement proche de la crête. - Fin de cycle. - Du nickel dans l'aluminium. **8.** Dévoile la surprise. - États d'une péninsule. - **9.** Ethnie qui paya un lourd tribut, naguère, au Biafra. - C'est-à-dire en abrégé. - Bien marqué ou sans marque. - **10.** Période vécue sans aucune précipitation.

11. Prêts pour une expédition. - **12.** Nom d'un non-métal. - Nom d'un chiffre. - **13.** Envoie au diable ou dit adieu ! - Romans du Sud. - **14.** Bière d'écorce. - **15.** Ours savant. - Une vieille amie. - **16.** Qui vous appartiennent. - Tirer les ficelles. - **17.** Donner un aspect laiteux et bleuâtre à un verre. - **18.** Fit devenir rouge. - Quelque temps. - **19.** Plutôt frappées sur les bords. - **20.** C'est saint. - Participe, présent.

Problème n° 34

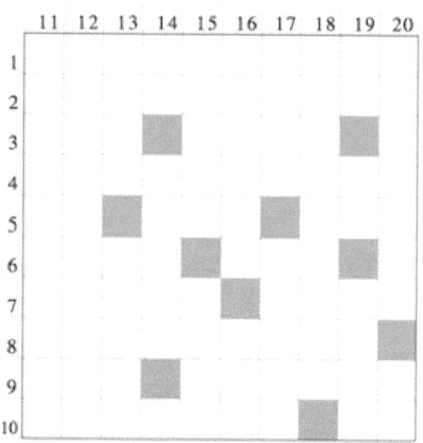

1. Signe d'ennui ou du besoin d'une bonne nuit. - 2. Fondé sur des préjugés ou pas fondé du tout. - 3. Sorte de roue. - Un paresseux capable de s'accrocher à un bouleau. - 4. Avec de moindres mots ou pour un moindre mal. - 5. La fin du troc. - Sur une table, à l'endroit comme à l'envers. - Il est du même ordre que le capucin. - 6. Rivière qui, vers l'Oubangui, charrie. - Coupelle faite de terre... ou fête lunaire. 7. Cinéaste néerlandais. - Comme un cœur meurtri qui s'adresse au Seigneur. - 8. Être anglais. - 9. Compulse un ouvrage ou se dissimule sous la couverture. - Même les athées n'auraient d'yeux que pour elle. 10. Victimes de frictions répétées. - Note au bout d'un bout.

11. Ne laisse pas l'art régner sur sa toile. - 12. Voir d'une certaine façon. - 13. Manière d'aller. - En musique, lent temps. - 14. Sur un itinéraire chinois. - Dispose en long et en large. - 15. Elle est de taille à lever les pierres. - Caractérise un régime. - 16. Hémingway, côté intime. - Nouvelle, sortie d'un œuf. - 17. Dans la bouche de qui veut les mets. - Que l'on a à l'œil. - 18. Pour des affaires à cheval. - 19. Prêt à porter. - Simple pour un enfant, doublé pour une femme. - Ce mot a un sens caché ! - 20. Juste une goutte, pour la forme. - Annonce la suite.

Problème n° 35

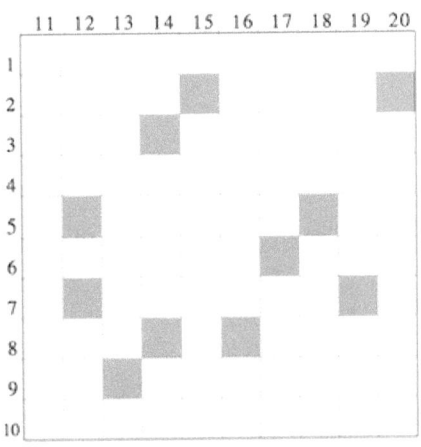

1. Ils font la une tous les jours. - 2. Plane ou sans nuages. - A cours à Périgueux. - 3. Avec lui on relie les livres avant de les avoir lus. - Tint la corde. - 4. Reines de l'arène. - 5. Ce qu'ont certains chevaux en tête. - Le fin du fin. - 6. Sans dire, était donc évident. - Trois lettres pour une grecque. - 7. Mit sens dessus dessous. - 8. Un certain nombre. - Son périple passe par Munich. - 9. Note en deuxième. Aux princes et aux princesses, titre d'honneur donné. - 10. À peine touchées.

11. Simplement dit, la lune y est en phase. - 12. Joindre les deux bouts. - Vient du chœur. - 13. Petites dindes. - 14. Personnel en fin de liste. - Ancien pays à l'endroit, mais toujours à l'envers. - De l'aluminium dans un bout de métal. - 15. Reconnu comme un vrai semblable. - 16. C'est la fin des haricots. - Dit aux proches ou non dit. - 17. Par ici la sortie ! - Joindre les deux bouts. - 18. Ont reçu un mandat et sont donc en poste. - Il se joue sans peine de la gâche. 19. Vers de vase. - Vient de la férule. - 20. Vingt-deux... pour Fernand Raynaud.

Problème n° 36

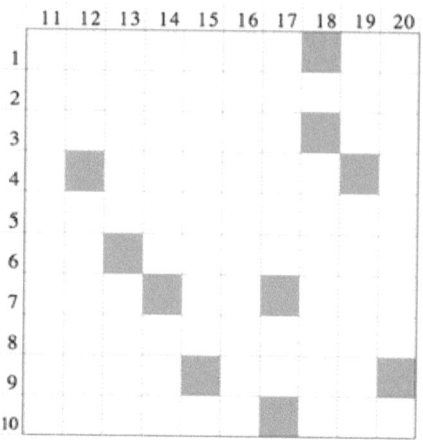

1. État de celui qui est sans parti pris. - Il est né dans l'Altaï. - **2.** D'un certain plaisir d'essences. - **3.** Susceptible d'en faire, du mal. - Ni vous ni moi. - **4.** L'occasion de dérouler le tapis rouge. - **5.** Des grains, enlevaient les pis. - **6.** Situation précise. - C'est accepter les rejets. - **7.** Rien ne sert de tirer sur sa corde sans cible. - Permet d'ajouter quelque chose. - S'adresse à la Vierge. - **8.** Des choses qui vous passent par la tête, mesdames ! - **9.** Un peu plus qu'osé ou messagerie qui ne l'était pas moins. - Prendre le taureau par les cornes ou se lancer dans l'arène. - **10.** Associé au mètre pour faire bonne mesure. Se situe.

11. À point nommé pour qui veut reprendre le flambeau. - **12.** Un sacré bon bout de temps. - Pour serrer, il sert ! - **13.** Aller dans le sens du vent. - Case latine. - **14.** Figurer, en un sens. - Même renversé, il fait encore l'article. - **15.** Qui ont participé longuement à une exposition. - **16.** Force ou farce. - **17.** Qui a descendu de quelques degrés. - Qualifie pour un titre. - **18.** Mise à part. - **19.** Mot dit pour toujours, c'est promis ! - Sur la Loire. - **20.** Des mâles qui ne font rien de bien.

Problème n° 37

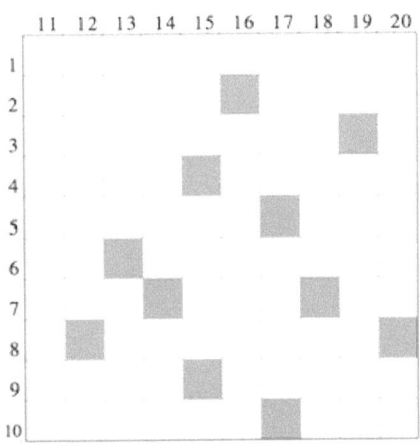

1. C'est une idée ! - **2.** Endurci par le mois d'août. - Qui se trouvent hors d'affaires. - **3.** Repos ! - **4.** Jusqu'à la corde, c'est à force de tirer dessus. - Par ce courant, les modes passent, se recréent et nous reviennent. - **5.** Là, les passages se créent. - Pour un proche, voire un reproche. - **6.** Moitié de neuf. - Elle laisse coi, quoi ! - **7.** Manière d'être. - À juste titre, on la croit de malt. - En tête de la classe ou au milieu. - **8.** Homme de main. - **9.** Son menu, il le compose avec des plantes qui se décomposent. - Étoile. - **10.** Victime du barreau. Doublé après la queue.

11. Mise en boîte. - **12.** Entre l'orange et le marron. - Commence une liste sans fin. - **13.** Ouvertures au violon. - Poudre blanche. - **14.** Fameux par son col. - Il n'est pas courant que sa gorge s'enroue. - **15.** Agit au recouvrement. - Manière d'être. - **16.** Elle est dans un certain ordre. - **17.** Elle est connue pour ses ports comme pour ses cochons. Mit dans la balance. - **18.** Elle prolonge le port du voile au palais. - Il ne manque pas de piquant. - **19.** Article en solde. - Couleur de robe. **20.** Objets du désir. - Là se trouve l'Eudois.

Problème n° 38

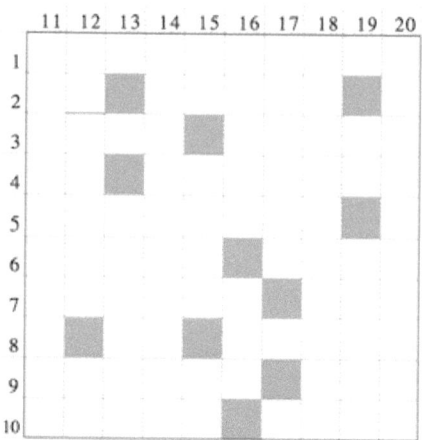

1. Café à l'eau... de vie. - 2. Une certaine idée de la révolution. - Une langue qui peut se targuer d'être mots d'Est. - 3. Home russe. - En flamand, cité qui s'enflamma en 1914-1918. - 4. C'est un demi-mâle. Inflammation de l'utérus. - 5. Fis prendre la porte. - 6. Écran solaire. Les fiançailles y mènent. - 7. Bien marquées ou sans tache. - Une partie de livre... qu'on ne peut lire. - 8. C'est à toi qu'elle appartient. Les piliers du coin. - 9. Pour que les baleines respirent, c'est assez. Roulée, peut-être bien ! - 10. Habile, ma foi ! - Assistant de direction.

11. Étouffer l'écrit. - 12. Vient d'une feuille plus qu'un peu pliée. Marque un accord. - 13. Assises rendant plus culotté le siège des châteaux-forts. - 14. Dès ce vent levé les épis se couchent, mais c'est le souffle qui est coupé. - 15. Donne le choix en tout. - Père qui noya son chagrin en s'abandonnant à la mer. - Mot des croisées. - 16. Mot d'usage courant. - Fait du porte à porte. - 17. Pour les routiers, c'est un col porteur. - 18. Grand poisson holostéen d'Amérique. - 19. Il en rajoute toujours. - Il a ses raisons que l'émotif n'ignore pas. - 20. Elles font la différence entre les bons grains et l'épi.

Problème n° 39

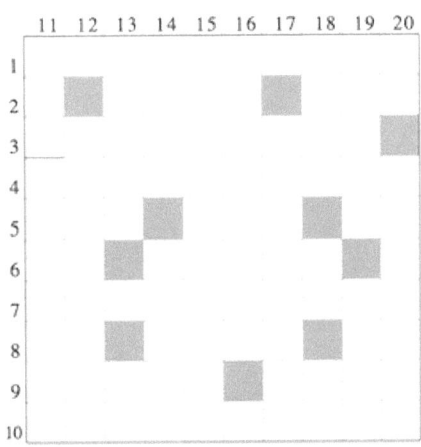

1. Se dit d'une valeur fictive pouvant se transformer en monnaie de singe. - 2. Là naît la Garonne. - Après ci en certaine condition. - 3. Ça tire les tissus ou est issue de la satire. - 4. Qui vient juste après. - 5. Toujours en fin de rite. - Où l'on peut traverser la rivière sans être trempé jusqu'aux os. - Évoque une possession. - 6. Le 42 dans une liste. - Qui prend une pose, sans qu'on puisse tirer un mot d'elle. - 7. Ne compteras pas pour rien. - 8. Donné pour l'exemple. - C'est clair, il est fait pour être enfoncé. - Nouveau, est venu d'un œuf. - 9. Qui a perdu la tête. - Sortie de pores. - 10. Qui, de la jeunesse, peuvent se montrer envieux.

11. Fruits d'une reproduction fidèle. - 12. Il peut travailler dans une fabrique de chaussures sans jamais se lasser. - 13. Elle se prépare sur lit de vin. - Début d'enchères. - 14. Ancien colosse qui a dû jeter pas mal de l'Est. - De mémoire de papyrus, est issu de l'ancien égyptien. 15. Qui se ressemble s'y assemble. - 16. C'est la faute du pécheur. 17. Si la main elle tend, la pièce elle attend. - 18. Elle a de l'aven, en Quercy. - Le 68 dans une liste. - Demi-lune ou premier entier. - 19. Des choses sans importance. - Près de ce chef-lieu de canton, l'Eure passe. - 20. Dans une liste. - Soumises à une certaine pression.

Problème n° 40

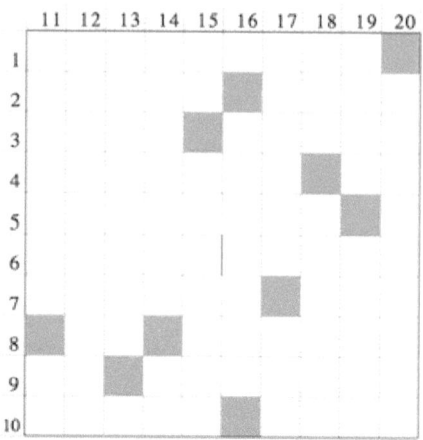

1. Revenu, à juste titre. - **2.** Désignent des représentants de classes. Pour qui émet des tests. - **3.** Chants, sons et chansons. - Sorte de terrain-culte. - **4.** Donnent l'occasion de se servir de la langue. - Un des mots démodés dans le monde de la mode. - **5.** Mieux vaut ne pas se coucher dans leur lit. - **6.** Fleur double, en un sens. - **7.** Un élu après Élie. - Général ou chimiste. - **8.** Personne ou quelqu'un. - Ressentir un air de déjà-vu. - **9.** Début d'année ou année complète. - Même charbonnière, elle ne fait pas partie d'un genre mineur. - **10.** Qui ne manque pas de fondement. - Dépolis sont !

11. À peu de choses pré. - Son périple passe par Saint-Omer. - **12.** Ils laissent les non-grimpeurs pas tentés. - **13.** Qu'il ait ou non la plume facile, il est à l'ouvrage ! - **14.** Restent envies tant qu'ils ne sont pas satisfaits. - Note en lamineur. - **15.** Pour un spécialiste en la matière. Ménagères sans aucun ménagement. - **16.** Mises dans un certain ordre. - **17.** Son carburant ne manque pas d'air. - C'est un veau, en construction ! - **18.** Facilité d'élocution. - On peut y servir les thés en hiver. - **19.** Premier, père de Ramsès II. - Elle se met facilement en boule. - **20.** Femmes qui s'occupent de leur home.

Problème n° 41

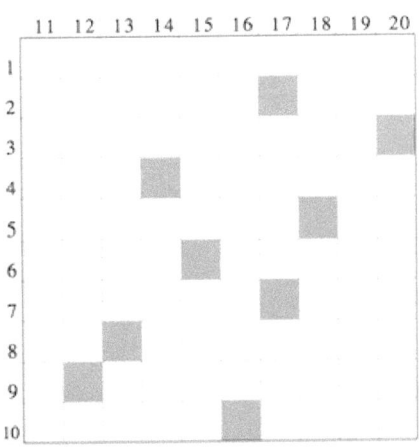

1. Ils mettent en pièces les morceaux choisis. - 2. Un peu de nerf ! C'est la règle, sinon le bâton ! - 3. Qui, d'émettre, sont en mesure. 4. Il peut, à lui seul, découper la terre en bandes. - Premiers de classe. - 5. Leur étude les identifie en tant qu'œnothères. - Une manière de lire. - 6. Venant des genêts, il est apprécié des gourmets. Entreprendre les rections. - 7. Si un comique a muse, c'est elle. Entrée en fin. - 8. Le début de la réussite. - Les musiciens y sont à l'œuvre. - 9. Faisait agir d'une main de fer. - 10. C'est lui, le palmier à deux huiles. - Tout bien quand on a réfléchi.

11. De l'argent, en somme. - 12. Ainsi les suies s'essuient. - 13. Telle une rencontre ludique sans enjeu. - Famille d'Amérique du Sud. - 14. Nouveaux au début, fanés à la fin. - Signai, sur les lèvres, des petits maux et plaies. - 15. Ce que fait des lettres le cruciverbiste pour découvrir les mots mis. - Ils dépendent de certaines relations. - 16. Graissèrent la pâte. - 17. Dirige l'objectif vers l'objectif. - Pied qui finira par avoir du corps et monter à la tête. - 18. Hameau localisé au monde antillais. - Une précipitation qui impose de se mettre très vite à l'abri. - 19. Stations naturelles d'épuration. - 20. Tête de singe. Un peu acide.

Problème n° 42

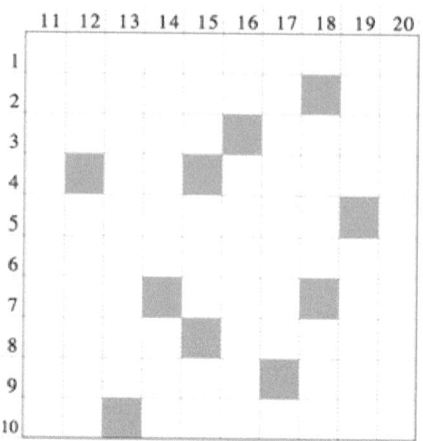

1. Des dents-de-lion qui ne mordent pas. - 2. Elle s'appuie sur l'heureux sort pour faire bondir de joie. - Une notion de roulement. 3. Met du jaune dans le verre. - Avantage que le spéculateur veut toujours davantage. - 4. À moi ! - Il est simplement dit vin. - 5. Même neuve, elle est pleine de trous ! - 6. Non ouï clairement. - 7. Beaucoup de temps passé. - Une heure qui n'est pas avancée. - Soleil d'Égypte. - 8. Pas reconnue. - Laissai choir avant d'arroser. - 9. Mise à l'épreuve. - Ses déplacements, c'est du vent ! - 10. Premières de seconde pour une troisième personne. - Vu de Corbeil, elle se jette dans la Seine.

11. Font des ordres à la bourse. - 12. Un groupe qui a ses atomes crochus. - Telle une dent abîmée dedans. - 13. Qui ont reçu un coup de fouet. - 14. Clef qui ouvre sur le champ. - Il peut nous mettre en chaleur. - 15. Finit première ou dernière. - Termineront en fin. - Un mot pour le docteur. - 16. Prévient d'une absence. - Divisions de cellules. - 17. Qualité de plume. - 18. Évoque un tas d'états en Arabie. Ver blanc. - 19. Musiciens en formation. - Il permet d'écouler le liquide. - 20. On y dédie des actes aux dieux.

Problème n° 43

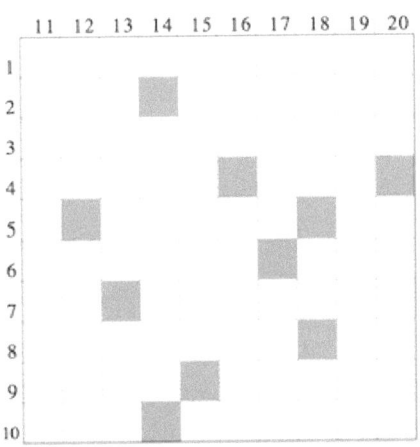

1. Des pots de lapins à la conserverie. - 2. Cru, chaud. - Suivra le mouvement. - 3. Ils peuvent être au four et au moulin sans se mettre dans le pétrin. - 4. Elle peut être lame, il peut être à l'âme... - Marque de distinction. - 5. Nouvelle et généralement bonne. - Lettres d'observations. - 6. Drôle d'oiseau. - Tiré à part. - 7. C'est là mot d'enfant. Pas durs à cuire. - 8. Avec elle on oublie tout ! - Partira en fin. - 9. Ce fut, autrefois, un sacré oiseau ! - Un arbre des plus vernis. - 10. Précède un certain nombre. - Sucre assimilé au glucose.

11. Il trouve son maître à la barre. - 12. Home de bois. - Ce pied rime avec jambe. - 13. Coup de main. - L'ancienne Nissa. - 14. Es malhabile de jouer si mal la bille ! - 15. Au fond... elles baillent ! - 16. Ceint au Japon. - Ville d'eau. - 17. Essayé, ça y est ! - Un certain nombre. 18. Était élu jusqu'à la mort, en Yougoslavie. - Partie de trésor. - Du molybdène chez le métallo. - 19. Casseras violemment du sucre sur le dos. - 20. Il est entre deux portes. - Ça ! des pans qui se rencontrent...

Problème n° 44

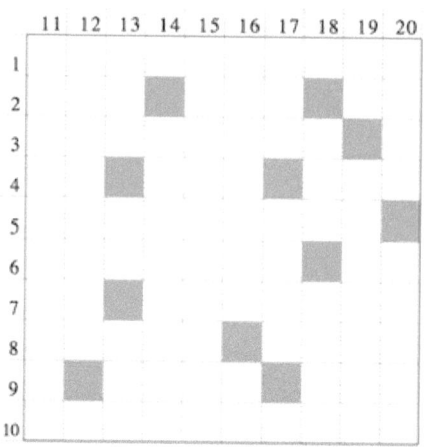

1. Saint-Pierre en est le gardien de butte. - **2.** Dix sur dix pour les mètres. - Début d'une formule latine en fin de rite. - L'amour la transforma. - **3.** C'est une toile légère, en soi. - **4.** Ce n'est jamais le mot de la fin ! - Le cri du chœur pour le « roi de pique ». - Colère passée depuis longtemps. - **5.** État d'un objet en mauvais état. - **6.** Soumises à un agent agressif. - Boîte à images. - **7.** À la fin du soir. Plus qu'un continent. - **8.** Pris en main. - Qui revient à lui. - **9.** Tentes l'atout pour le coup ou le tout pour le tout. - Forme de possession. **10.** Prise par le temps.

11. Lieux de naissances. - **12.** C'est une façon de parler ! - **13.** Elle va du chœur jusqu'aux vaisseaux. - Clef des chants. - Mot dit par celui qui est contre. - **14.** Qui fonctionne mal, au féminin. - **15.** Qui s'avèrent fausses, pour peu que l'on creuse. - **16.** Mettre la charrue après les bœufs. - Un peu de scandium dans la silice. - **17.** Partie de poulie. - Dévoilas la trame. - **18.** Titre à l'honneur outre-Manche. Elle administre le Valais. - **19.** Partie de rien. - Un départ diffère ou d'une part se sert. - **20.** C'était un dieu, avant. - Fait transformer un solide en liquide.

Problème n° 45

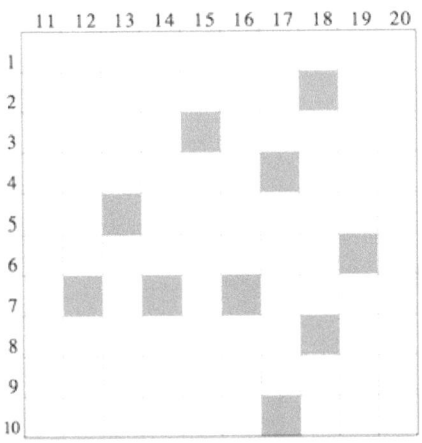

1. Pour faire l'article, elle doit éviter l'écrit vain. - 2. Se retrouve toujours le dos au mur. - Tout à la fin. - 3. Un poil qui rime avec cheval. Arc bandé sous la flèche. - 4. Il fait partie de la gent de plume. - De conception immaculée. - 5. S'exprime en fin, réfléchi. - Rassemblée à cor et à cri. - 6. C'est parce qu'elle n'a pas de prix, qu'elle se loue. - 7. Vieil anneau de cordage. - 8. Un acte en une ou plusieurs pièces. - Au milieu du rond. - 9. Survenait à fond de train sans crier gare. - 10. Un animal en est la traction, sillon le suit. - Partie de cheval.

11. Fit un présent pour un mérite passé. - 12. Élément du pavillon proche de la fenêtre, on le quitte pour le pied à terre. - Cité, autrefois. 13. Il se porte dans les processions de foi. - Dépassa la mesure. - 14. Cette bête-là bêle. - Vient d'agir. - 15. Indicateur. - Marcher sur l'eau. 16. Qui demandent réparation. - Baie du Japon. - 17. Il pourrait s'appeler pierres. - Déchargées ou bonnes pour la décharge. - 18. Ancien joueur de football. - Fleuve court. - 19. De tous temps, vint de la vigne. - Entre chien et loup. - 20. Font tomber des têtes.

Problème n° 46

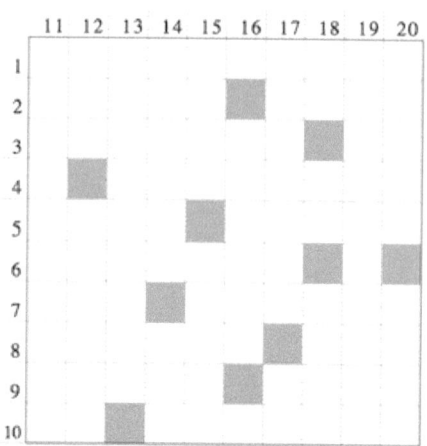

1. C'est du gâteau ! - 2. Homme des glaces. - Pièce d'antiquité. - 3. C'est de l'eau, qu'elle brasse, et si elle boit, c'est la tasse. - Faisait bonne mesure dans l'Empire du Milieu. - 4. De curieuses « bêtes » sans queue ni tête. - 5. Le dessus du panier. - Type de sous-pape. - 6. Elle va de pair avec le Jésuite. - 7. Salut ou salutation. - Des éléments radicaux s'y manifestent. - 8. Qui a un côté convexe. - Il voit naître le bateau. - 9. Imparfait pour un loupé. - Là-haut, sur la montagne. 10. C'est un peu de peu ou une manière d'avoir. - Évitas le gros grain.

11. Une affaire qui fait grand bruit - 12. Des mots doux à l'esprit. C'est, en un sens, le pendant du fil à plomb. - 13. Comme des lions montant sur leurs grands chevaux. - 14. Sans zèle. - Il se laisse conduire par l'autosatisfaction. - 15. Objet de recouvrement. - Célèbre ville d'Ukraine. - 16. Qui donne là le son. - 17. Faisons perdre la tête. Comme ceci, pas comme cela. - 18. Au milieu de la montagne. - À la mode autrefois. - Un sacré égyptien ! - 19. Il fait son cinéma à la télé. 20. Un certain temps pour élire. - Longs temps.

Problème n° 47

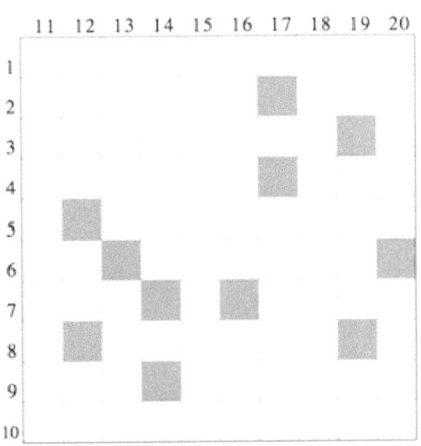

1. Mis en pages. - **2.** Tirer ou pousser. - Homme de Tonnerre dont l'ambiguïté a pu faire grand bruit. - **3.** Qui ne transforme pas le raisin en vain... - **4.** Elle connaît une intense circulation. - Il se fait et se défait à coups de mortier. - **5.** Fera des parties très fines. - **6.** Formule savante. - Elle fait sortir un monde fou... le ! - **7.** De l'eau, ça l'est. - Là est la question. - **8.** Fait la preuve par neuf de son imagination. - **9.** Cap espagnol. - Quelqu'un qu'on prend pour quelqu'un qui ne comprend pas. - **10.** Elles ne laissent passer aucune grossièreté.

11. Une manière de faire le mur. - **12.** Chef d'État. - Termine la pause et commence le service. - Par Saint-Omer, va à la mer ! - **13.** Inclinaison ou inclination. - Capitale chez les Ducs d'Auvergne. - **14.** Qui tient un certain rang. - **15.** Accusas de tous les mots. - **16.** On trouve ses baies noires dans les jardins. - Serre-taille en Extrême-Orient. **17.** Rouge ou jaune, ce métal ne se voit pas dans tous les tons. - **18.** Relais de poste. - **19.** Elle fut victime d'une vacherie. - Elle est engrais. - D'une demi-tête ! - **20.** Fit une apparition. - Mot d'esprit... de contradiction.

Problème n° 48

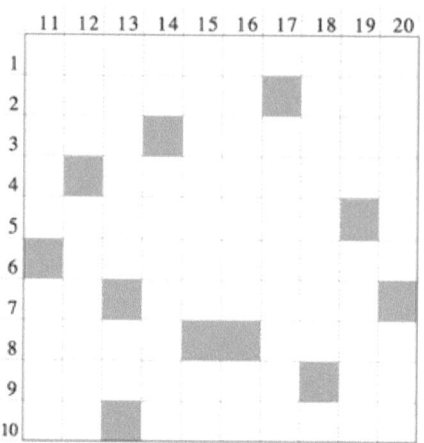

1. Qui concerne l'essence même. - 2. Signe de mauvais goût. - Traite le lait après la traite. - 3. Vallée à moitié riante. - Dommage ! - 4. Que l'on peut louer. - 5. Telles des nouvelles... nouvelles. - 6. À l'état latent. - 7. C'est cela même. - Il entre dans les roues au moyen des moyeux. - 8. Au Moyen Âge, déjà, il faisait entendre des voix. - Un de Troie. - 9. Faire cohabiter des cultures différentes. - Un devoir conjugué. - 10. Fin de semaine. - Le mal de mère d'une future maman.

11. Dans un certain milieu. - Un cercle bien fermé. - 12. Un rebelle qui peut prendre la tête. - On lui dirait « sotte ! » qu'elle serait capable de se jeter dans le vide... - 13. Travailler à la chaîne. - Dans la thèse qui suit le doctorat. - 14. Un peu de répit. - Le plein duvet pour un sommeil de plomb. - 15. Habitantes de l'hémisphère Sud. - Bien présent. - 16. N'eus plus les pieds sur terre. - Obtenu à la fin du jeu. 17. On peut y faire les poussières mais on laisse les toiles d'art régner. - 18. Sang-mêlé, particulièrement en Asie. - 19. Fleuve au long cours. - Tel un gant cher à l'élégant, et même très chair visiblement. - 20. Qui n'a plus toute sa tête. - Que l'on a pris, ou sue inversement.

Problème n° 49

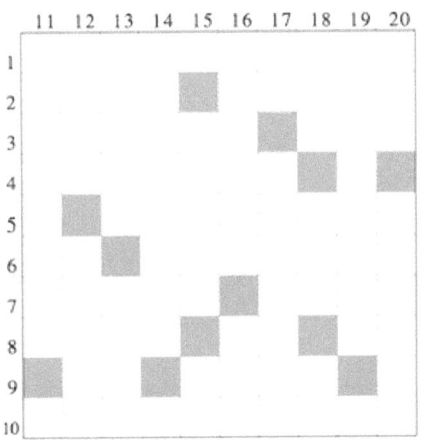

1. Permettent aux acteurs de monter sur les planches habillés. - 2. Vieil ennui. - Odeur quelque peu « à mer ». - 3. Revenus après des placements. - Reste en abrégé. - 4. Parfois le début de la faim. - 5. Minces, alors ! - 6. Une note de clavecin. - Elle peut nous mettre dans de beaux draps. - 7. Part de propergol. - Créateur de Philadelphie où naquit son homonyme cinéaste. - 8. Où se trouve la pyramide de Malpighi. - Sont aux extrémités. - Employé pour toi. - 9. Fin de règne. - Petit perroquet d'Océanie. - 10. Elle fait le guet le plus sérieusement du monde.

11. Entreprendre une occupation des sols. - 12. Porte du bois. - Il s'y déroulait des jeux de pleine aire. - 13. Célèbre imitateur. - Château de la Loire. - 14. Comme un vieillard maniaque. - 15. Protecteur de la couronne. - Division de la Grande Muraille. - 16. Mettent l'enjeu ou tentent le diable. - Peut faire dresser pavillon. - 17. Zeus l'envoya paître. - Du pouvoir il est un signe. - 18. Point commun entre les Pays-Bas et le Nigeria. - Première, en fin. - Dit pour lui comme pour un autre. - 19. Modèle et réduit. - 20. Bref ! - Si on veut casser la graine, il nous donne la moutarde.

Problème n° 50

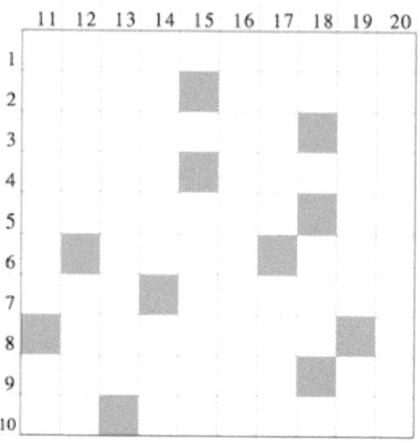

1. C'est aimer même d'étranges étrangers. - **2.** Un frontalier qui se jette dans la mer du Nord. - Il aime les cols buissonniers. - **3.** Elles vivent dans l'océan, pacifiques. - Bête de sommes. - **4.** Elle finit par se jeter dans la Seine. - Leurs arrières, gardent. - **5.** Eus droit à une considération distinguée. - Génisse au cœur de lion. - **6.** Pâté de maisons. - Elle passe facilement de vagues à lames. - **7.** Est monnaie courante au Japon. - Elle a vue sur l'Adriatique. - **8.** Ce traitement demande de ne pas être sans cible. - **9.** Laisse entendre. - Celui dont on parle. - **10.** Le début de la faim. - D'une certaine conception.

11. De quoi recevoir une volée de bois verts. - Il vide les bouteilles jusqu'à la dernière goutte. - **12.** Ce fut un homme à fables. - Un Italien au chaud tempérament ! - **13.** Particules élémentaires. - **14.** Là, le cor a corps. - Ce nez, que cela ! - **15.** Turin pour un Italien. - **16.** Qui hérite de traditions et rites. - **17.** Dérivés. - Il n'a pas droit à la parole. **18.** Situé quelque part, précisément. - Morceau de pain. - **19.** Auteur d'un authentique cri persan. - Mi-mile. - **20.** D'une activité qui aime distinguer les œuvres des écrits vains.

Problème n° 51

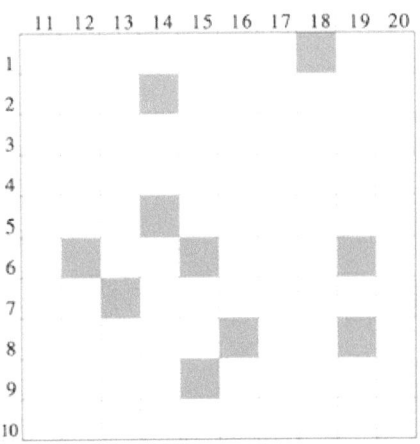

1. Font des *o* ou débats. - Une note qui sort de l'olifant. - 2. On la rend toujours en partant à jamais. - Dans les marais salants, l'eau de mer laissent aller. - 3. Nouvelles venues. - 4. Il trouble la tranquillité des pavillons. - 5. Anglaise légère. - En effet minées ! - 6. Demi-sang. Est étendu sans aucune tension. - 7. Du rubidium dans le rouble. Est bien placé pour prendre débats de haut. - 8. Cétone elle-même. Un peu de molybdène dans le plomb. - 9. Une méthode qui fonctionne par foi. - Prendre les choses en main. - 10. Les prendre, c'est risquer de se faire pincer !

11. Elle peut se faire du blé en travaillant aux chants. - 12. Un protecteur toujours sur les dents ? Mieux vaut l'y voir ! - Il a un col et un bec, mais n'est pas un oiseau. - 13. Leur statut royal les met sur un piédestal. - Cité antique, pas en toc. - 14. Bouts de saint. - Elle peut donner l'air... d'en manquer ! - 15. Passas son temps à jouer les tours. - Début de réunion pour une île. - 16. Le fond de tain est sa spécialité. - Mi-tige. - 17. Étaient emplâtres. - 18. Enlevions le haut. 19. Peut être beau ou lai. - C'est-à-dire en deux lettres. - 20. Le commissaire-priseur peut les avoir à ses côtés.

Problème n° 52

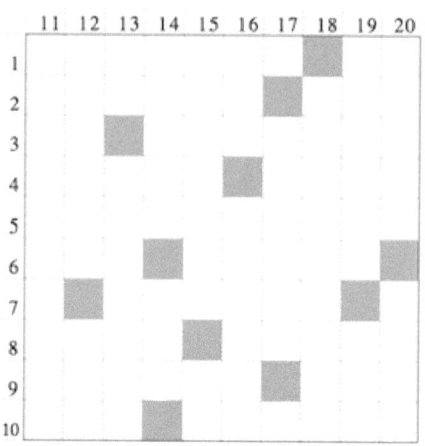

1. Devenir grand, petit à petit ! - Un peu de thulium dans le thallium. **2.** Femme de (mauvais) caractère. - Au fond du tonneau, même s'il est à sec. - **3.** Jeté au milieu. - D'une belle ampleur ou sur lesquels on a versé quelques larmes. - **4.** Désigne ce qui est apparent, proche. - Il porte ses chatons. - **5.** Utile quand ça fait bien mal. - **6.** Fit entrevoir la fin. - Plante qui affleure. - **7.** Ses baies noires sont déconseillées. **8.** Exprimer une version de l'aversion. - C'est le bouquet ! - **9.** C'est de la vieille école ! - Relie le livre. - **10.** Divisionnaire d'Extrême-Orient. - Comme dans un fauteuil.

11. Es cavalier. - **12.** Des petits rats malvenus à l'Opéra. - Bière de malt d'une grande île. - **13.** Sert à une transition, comme à une transaction. - D'un pays à la botte... - **14.** Il fait rendre à contrecœur. Aller, plus tard. - **15.** Joue sur le côté sensible en lançant des piques. Au cœur de l'État. - **16.** Fin de soirée. - Elles travaillent avec pêne. **17.** Commencer à vivre en corps. - **18.** Donnerai la leçon. - **19.** Roc allemand. - Évoque le son ou rappelle l'interprète. - **20.** Il est très conservateur. - Fait le poids.

Problème n° 53

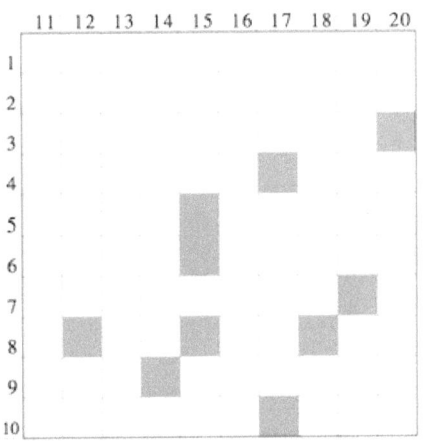

1. Aux marchands du temple, il laisse les sous venir. - 2. Amènes, ainsi sont-elles. - 3. Pour des objectifs que l'on asservit sur un plateau. - 4. Qui est en campagne. - Elle fait les fonds de bouteilles. - 5. On peut y être mené en bateau ! - On les touche quand on a la main heureuse. - 6. Une mesure d'étoffe en était issue. - Manière de voir. 7. Produire le son par éclatement. - 8. Sur la Tille. - C'est-à-dire. - Il est tracé pour nous faire marcher. - 9. Pris à partie par parti pris. Attachée pour être dans le vent. - 10. Qui en a assez, lassé. - Elle fait lever le coude de l'autre côté de la Manche.

11. Personnage et... personne âgée ! - 12. Prête à trancher dans le vif. Début d'unanimité. - 13. D'une région du Canada. - 14. Sujettes à un élargissement. - 15. Oseille du Cambodge. - Vin de Marne dans les rayons. - 16. Injustifié ou tel un justicier. - 17. Éternel souverain d'Égypte. - Mot qui revient souvent au moment de partir. - 18. Lieu de travail. - Un peu de tambour. - 19. Terme d'accouchement. - Coup de froid. - 20. Particule savante. - Passée par le panier à salades.

Problème n° 54

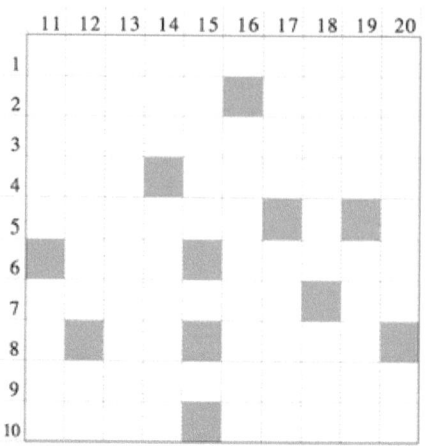

1. Qui a fait le plein des sens. - 2. Prend son temps pour ronger. - Qui ne méritent que mépris. - 3. Prendrais le parti de faire revenir. - 4. C'est pour rire. - Jamais sa loi les langues ne délie. - 5. Qui a du chien. - 6. Il ne donne pas envie d'être objectif. - Peut agrémenter une histoire à l'eau de rose. - 7. Attristai, fus contrariant. - Petit bout d'homme, petit bout de femme. - 8. Début d'un titre. - Consommai sans modération. - 9. Prenions une certaine direction. - 10. Elle permet de mettre la main au panier. - Résultat d'une action.

11. Reste de glace. - Donna leurre. - 12. L'acide uranique y prend tout son sel. - Des voies souvent bruyantes. - 13. Le roman n'a pas de secret pour eux. - 14. Ville palindrome. - Mer bretonne. - 15. Gaz rare. 16. Vert lumineux. - 17. Qui a bu avec abus. - Ne fait rien pour faire quelque chose. - 18. Elles parent en prenant la tête. - Un peu de France en Afrique. - 19. Donne un siège. - Il contient des éléments radicaux. - 20. Rendra bientôt cultivé. - Bois, de façon mesurée.

Problème n° 55

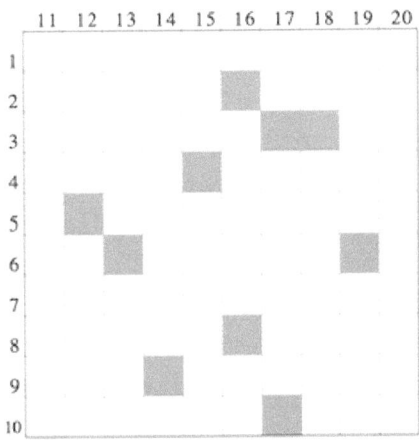

1. Qui peut donner la vie. - 2. Mise de côté. - Attention ! - 3. Bonnes pour les enfants. - Du magnésium dans le manganèse... un milligramme ! - 4. Grand nombre. - Savoir à quel sein se vouer. - 5. Fit durer un repas sans fin, par exemple. - 6. C'est non ! - Elle fait marcher comme un. - 7. Qui sortent du lot ou sortent de l'eau. - 8. Commune de l'Hérault. - Décoiffe en Languedoc. - 9. Un endroit de rêves. - Papillon de couleurs. - 10. Mise en grande surface. - Il reçoit la balle avant le tir !

11. Elle est toujours entre deux os. - 12. Susceptible de déclencher la larme. - Ne se prononce plus (s'). - 13. En fait vriller, des plantes grimpantes estivales ! - Entailla un peu. - 14. Que d'os, que d'os ! 15. Arrivée, en fin de matinée. - Tel un oiseau dans l'impossibilité de décoller. - 16. Fait des raies. - Début de réaction. - 17. Peuvent sauver la face, aux dés. - Se prit à mots dire. - 18. Bande originale. Donnent, là, le son. - 19. Polis sont ! - Ville de Pennsylvanie. - 20. Telle une femelle que nul n'affame.

Problème n° 56

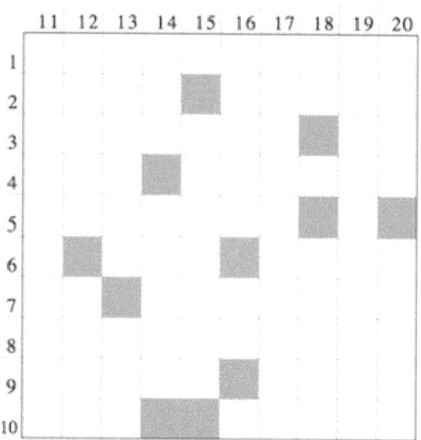

1. Elle ne laisse pas de glace les gourmands. - **2.** Bien entendue ! Qui peuvent être saisis. - **3.** Une base pour l'A.R.N. - Forme de pouvoir. - **4.** Cri des forts. - Moins que rien ou deux fois rien. - **5.** Titre bien coté côté cour. - **6.** Première dame. - D'humeur badine sans coup férir. - **7.** Un peu de titane dans le strontium. - Qui divaguent. - **8.** Marques en terre, en somme... - **9.** Unissent le masculin et le féminin. Plutôt salée ! - **10.** Forme de savoir. - Ville du Nord, frontalière.

11. Objets du désir. - **12.** Montagnes russes. - L'être de « soi-m'aime » est narcissique. - **13.** De nature à amuser la galerie. - Une formule pour se tirer d'échec. - **14.** Fait force de loi chez le jars. - Elle a régné longuement sur les courts. - **15.** Qui invitent à lire entre les lignes. **16.** Des monts, mais pas de quoi en faire... des montagnes ! - Fait rire à moitié. - **17.** En gros, c'est un manque de finesse. - **18.** Pour une spécialité. - Ce peut être un abri côtier. - **19.** En général il dispense des leçons particulières. - **20.** De Gaule était ce dieu. - Lettres de boucher.

Problème n° 57

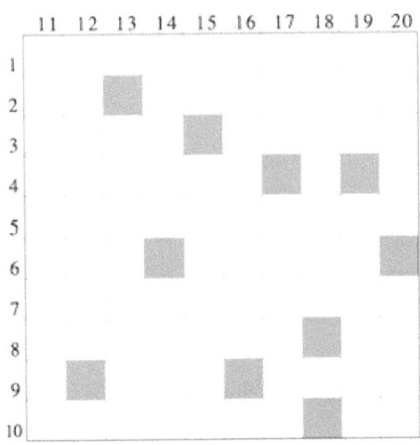

1. Ferait entendre un bruit sourd. - **2.** Est au milieu de tout. - Qui a ce qu'il faut pour travailler sur le champ. - **3.** Paresseux de nature. Ne pas avoir l'air facile. - **4.** Il nous attend au tournant. - **5.** Bien sous tous rapports. - **6.** Cours d'eau. - Ils n'ont pas petit appétit mais l'appétit des petits. - **7.** En rapport avec la mer, ça l'est. - **8.** De l'Orient, pas Bretons. - Élément d'addition. - **9.** Il reste toujours qualifié pour les J.O. - Il est aussi respectable qu'un sultan. - **10.** Qui sont ta part. À moitié neuf ou entièrement.

11. En prétendant éclairer ses administrés, il peut se faire despote. **12.** Relatifs à de sacrés caractères. - **13.** Ignoble devin pour qui prendre vie sert aux dieux. - **14.** Créai des liens. - De l'autre côté du miroir. - **15.** D'abord à rendre, puis rendu finalement. - Il se remplit, avide. - **16.** Serrer durement... ou tendrement, mais de manière conjuguée. - **17.** La vallée avec de l'eau... - Vents ou fais céder. - **18.** Un trotteur ne doit pas s'en écarter de trop. - **19.** D'elle la mer est enceinte. - De ce juriste le droit canon a tiré bénéfice. - **20.** Où sèment les amoureux de la nature. - Personne ou quelqu'un.

Problème n° 58

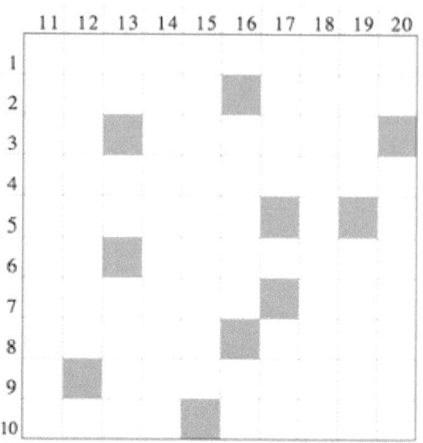

1. Sans traîner, tel un sprinter. - **2.** Découle, vient d'une source. Petite, elle prend une grande place affective. - **3.** Début de rébus. Amande adoucie. - **4.** Elles font monter le niveau des cendres. - **5.** Pris pour être négociés. - **6.** Début de rubrique. - Est spécialisée dans la prise de son. - **7.** Fais des faux. - Dévorés des yeux. - **8.** Étourneau. Mesure la partie d'un tout. - **9.** Perdue dans un monde fou. - **10.** Les cordages y sont liés. - Habiles à nous en inquiéter.

11. Il a un faible pour les simples. - **12.** Vague à l'âme ou sensation de l'amer. - **13.** Commence toujours tard. - Lave à Hawaii, coule à Saint-Omer. - Entoure bien la pupille. - **14.** Ce n'est pas un secret : ce principe est violet. - **15.** Donnèrent pour boire. - **16.** Faciles... ou d'un haut niveau. - Métal symboliquement présent dans l'acier et le fer. **17.** Dans le marc il lit, devin. - Qui est touffes trop serrées. - **18.** Des crochets pour la pêche. - **19.** Qui ne sera pas à demi pardonnée. Soumise à un des astres. - **20.** Compté à la fin, c'est la règle. - Même sans soleil on y dort.

Problème n° 59

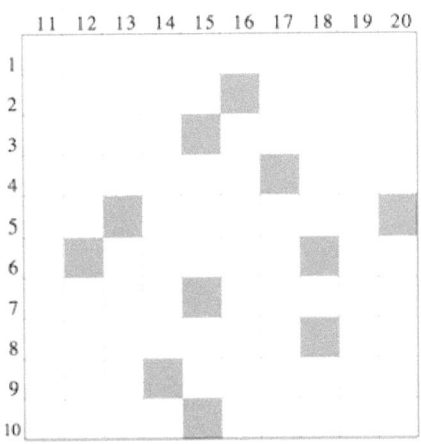

1. Qui fait la forte tête. - 2. Sortie d'usine. - Comme il est branché, suit le courant ! - 3. Obtient un résultat d'un fait néant. - Amène de l'eau pour des marais. - 4. Restées trop longtemps au soleil. - Mot de tête qui donne la migraine. - 5. Termine l'entretien comme il l'a commencé. - Permettre d'aller sur les planches. - 6. Chute d'eau. Un mot qui interpelle. - 7. À bout, ou qui ne tient plus debout. - Qui mêle les deux sexes. - 8. Qui a été mis de côté. - Bout de tuyau. - 9. Il n'est pas de mèche avec les autres. - Joueur mis de côté. - 10. Fils d'Adam et Ève. - Qui a raison ?

11. Vraies sceptiques. - 12. Cet empereur de la Rome antique n'était guère un tendre ! - Attaque la base. - 13. Sentinelle, ou fait être sur ses gardes. - Pas bien élevé. - 14. Tirée des bras de Morphée. - 15. Demi-lune. - Celle de mer ne manque pas de sel. - Ainsi fait tambour battant. - 16. Donnais l'avis. - 17. Être au présent. - On en tire des cordes. - 18. C'est là tout. - Mode d'antan. - 19. On imagine les grandes sœurs les couvant. - 20. Long cours d'Espagne. - Un certain temps.

Problème n° 60

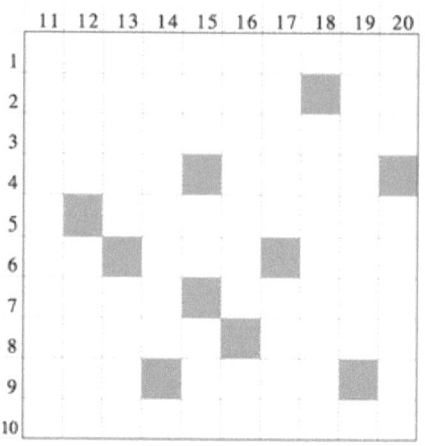

1. C'est bien peu de chose. - 2. Copiera ou pillera des idées. - Sans retenue dans la tenue. - 3. Mettrions hors de soi... hors d'usage ? - 4. Tentai peut-être le coup avec rage, sinon avec courage. - On y fait feu, de façon à ce qu'il tire. - 5. L'axolotl en est un exemple. - 6. Personnel, en fin de compte. - À l'opposé de guère épais. - Maître du je. 7. Un chevalet dans l'écurie... en réfection. - De l'enfant aînées. 8. S'accommodent du chou comme du céleri. - Fut fée en Perse. 9. Une « entre côtes », en quelque sorte. - Termine la prière. - 10. Poudre que l'on emporte à la sauvette.

11. Là, un homme enchâsse. - 12. Elle savent, à dessein, animer le corps. - Font « marché » pour les courses. - 13. Il salue en calo. - Mot d'accompagnement. - 14. Qui ne fait ni chaud ni froid. - 15. Il est en cheville avec le golf. - C'est avec le jaune qu'on achète le noir. - Oncle d'Amérique. - 16. Il laisse tout de même mauvaise impression. - Sur un uniforme U.S. - 17. Ainsi prêt, paré, le poisson fraie. - Une discipline à coups de bottes. - 18. Il peut faire le pied beau. - 19. Tomber le manteau, en général l'hiver. - 20. Un mot qui entraîne des poursuites ! - Elle nous fait voir rouge.

Problème n° 61

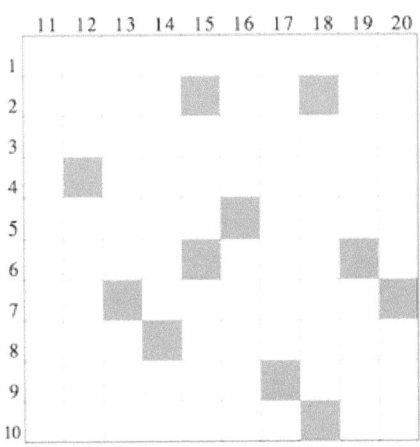

1. Une mission qui peut prendre la défense des éléphants. - 2. Premier garçon. - Un peu d'aide pour un paresseux. - Dedans la dent. 3. Sombre adverbe pour morose. - 4. Elle s'est un peu assoupie par la faute de trois pommes d'or. - 5. Prince démon et des abîmes. - Dénégation soviétique. - 6. La bile chez le renard. - Termine la visite, à l'église. - 7. C'est un peu d'argent. - Nomme un homme qui ne pense qu'à faire le mal. - 8. Promesse d'aller. - Gros plan dans une certaine culture. - 9. Incitée ou excitée. - Un capucin qui n'est pas rattaché à une branche religieuse. - 10. Qui, de l'eau, n'a plus beaucoup. - Il prend aisément de la bouteille.

11. En gros, qui est arrivée à ses fins. - 12. Manière d'être. - D'un mauvais goût. - 13. De deux églises, mais pas à Colombey. - Suivent un cardinal pour donner l'âge du capitaine. - 14. C'est plus qu'à l'un des sens qu'elle résiste. - Lettres d'un théâtre. - 15. Écorce pour faire la peau. - Faire la preuve d'un manque de reconnaissance. - 16. Écossais d'âge. - D'un don de naissance. - 17. Qui ont une affection du cœur. - 18. D'incertains rangs. - 19. Susceptible de mordre. Partirai à la fin. - 20. Dont on ne change pas facilement l'avis. - Il pousse sur un caillou.

Problème n° 62

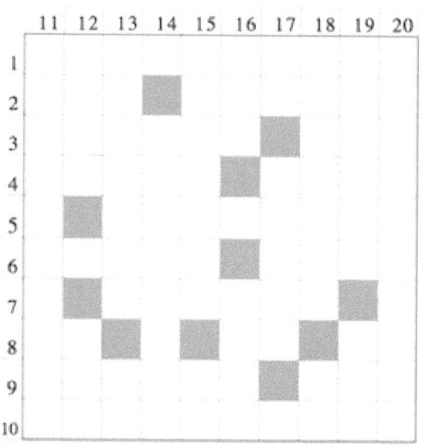

1. Manière d'agir. - **2.** Il relève les plats. - Abattis les poutres ou laissai sur la paille. - **3.** Méchants passages. - Lettres d'un escadron. - **4.** Mets doucement la main à la patte. - Manière d'aller. - **5.** Donne la leçon. - **6.** Évoquer sa ligne, c'est en venir au faîte. - Faire comme une bête à bois. - **7.** Faire pression. - **8.** Fend au milieu. - Est fort... à bout de bras. - Illustre inconnu. - **9.** En tétée. - Lettres employées pour un travail temporaire. - **10.** Grandes consommatrices des sens.

11. Hommes de tête qui savent préparer leurs coups. - **12.** Prendra du plaisir. - Ce n'est pas des zoos qu'il a sauvé les animaux. - **13.** Qui se sont mises dans de beaux draps... sans que ce soit un délit. - Le début de l'infini. - **14.** Aromatiques pour la romantique. - **15.** Créer des liens. - On y voit l'eau filer. - **16.** Pris pour des pigeons. - Bande, poisson. - **17.** Note de mirliton. - Invités... à prendre la porte. - **18.** Mettre derrière les barreaux. - Du chlore dans le bocal. - **19.** Conduit à de vraies fosses. - Des lignes de chant. - **20.** De leur travail, des textiles en sont issus.

Problème n° 63

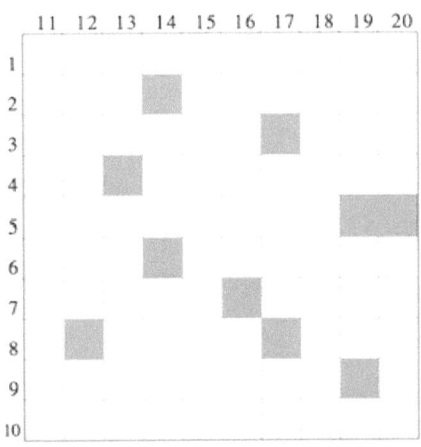

1. Qui n'offre pas de solution, même à l'anti-sceptique. - **2**. Cadre ou encadre. - Nées avant... et pas de la dernière pluie. - **3**. Qui brille comme un sou neuf... ou par usure. - C'est à nous ! - **4**. Deux lettres pour en écrire une longue. - En rapport avec l'indécence exacerbée. **5**. Qui relève d'une question de goût. - **6**. Oiseau de couleurs. - Ne gâte rien sur le gâteau. - **7**. Fit prendre du poids. - Obole pour le couvert. - **8**. Région du Pakistan. - Cible un domaine sensible. - **9**. Ce qu'elle fait ressortir est en traits. - **10**. Connus des vieux loups de mer pour séparer puis entrelacer les cordages.

11. État hors-la-loi. - **12**. Pour un bon café elle n'est pas contre eau versée. - Fait foi à la poste comme à l'église. - **13**. Un mot vache, sinon pire. - Passai au grand comme au petit tamis. - **14**. Palindrome de bonne heure. - Ces manies peuvent faire parler les mains. - **15**. Elles peuvent lancer du riz soufflé. - **16**. Repos après repas. - Il fonctionne sur deux voix. - **17**. Mot de mode. - Elle n'est jamais absente des rayons spécialisés. - Un peu de silence en musique. - **18**. Tirer parti, de tout ou partie. - **19**. Au bout du Finistère. - Fait espérer des secours pas trop longs. - **20**. Crochet à l'endroit, crochet à l'envers. Têtes dures.

Problème n° 64

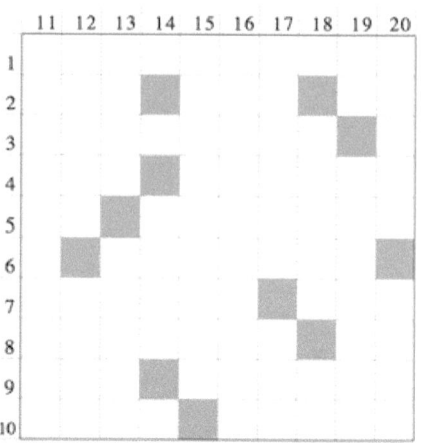

1. Excès dans terre, s'agissant d'eau. - **2.** Hé ! c'est non transformé ! Une vieille colère qui finit en queue de poire. - A longtemps éclairé l'Égypte. - **3.** État de la mer. - **4.** Entrée en matière. - Les poux futurs. **5.** Le plus fort aux points. - Qui célèbre une belle victoire dans une salle des fêtes. - **6.** Apprise à l'école, première à l'usine. - **7.** Comme une nature morte. - Leur poids se fait sentir chez les aînés. - **8.** Tombent de haut. - Tenu aux bouts. - **9.** Son emblème était le marteau. - Le prendre de haut, rabaisser. - **10.** Partie de Trieste, en Vénétie. - Dessin bien formé.

11. Il ne pense qu'à faire des histoires ! - **12.** Blanches, elles sont susceptibles... de faire voir rouge. - Celui-ci est comme cella. - **13.** Souvent creux, même s'il fonctionne à plein. - S'éteint livide. - **14.** Il empêche qu'à la neige les skis se mêlent. - **15.** Lard culinaire. - **16.** Une femme qui se fera toujours attendre. - **17.** Mis au vert. - Le signal du départ. - **18.** Opéra un travail de filature. - Un milieu d'obus qui s'applique au canon. - **19.** À moitié mort au milieu du port. - Faire prendre l'air. - **20.** Arrête des poissons. - Qui sait... sans doute.

Problème n° 65

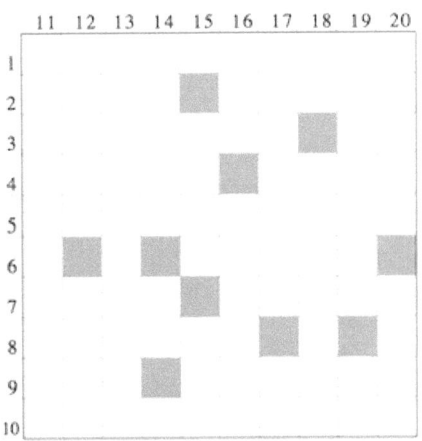

1. Dans l'ordre d'arrivée. - 2. Ils devront leur salut à Dieu. - Envoie paître ! - 3. Rétablit la circulation. - C'est aux prés de Zeus qu'elle fut envoyée. - 4. Bien sapée. - L'Étape, dans les Vosges. - 5. Qui se fait bien voir. - 6. Susceptible... de blesser, et pas seulement la susceptibilité ! - 7. Ce que Jules Verne aurait pu trouver d'un voyage au centre de la Terre. - Ses rameaux finissent aux paniers. - 8. Préparer un tonneau en vin. - 9. Mauvaise conseillère. - Avec lui on ne perd pas le nord. - 10. Des terres et non d'éther.

11. Passait un savon pour éloigner de la pente glissante. - 12. Fournisseur d'huile de palme. - Pour sûr, qui est soûl. - 13. Mettre en valeur. 14. Elle s'accroche aux arbres. - Rien au bout ! - 15. Les Prussiens n'y ont vu que du bleu. - Elle représente pas mal de temps. - 16. Il permet de se distinguer du voisin. - Ils montrent les points. - 17. Font mourir sans préavis. - Morceau de platine. - 18. Dans une ville de Côte-d'Or. Héberger... comme rentrer ses blancs moutons. - 19. Se dit d'endive. Une note pour commencer la répétition. - 20. Spécialiste du western à la botte italienne. - Peuvent souffrir de problèmes circulatoires.

Problème n° 66

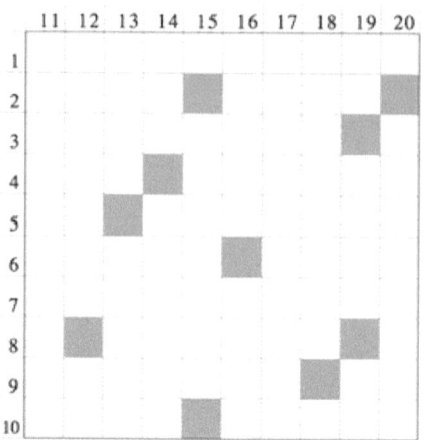

1. Elle élève le ton en multipliant le son. - 2. Après certain tralala. On ne peut l'être sans fondement. - 3. Gain de cause. - 4. Quand l'arène est chaude, s'entend. - Animal aux longues oreilles, friand de carottes. - 5. C'est fini, à la fin ! - Mettre à l'air ou au courant. - 6. Grecque au bout du Nil. - Peintre italien, né à Ferrare. - 7. Mettrai las. - 8. Revient sur ses déclarations. - 9. Passera à côté. - Tierce personne. - 10. Un de Troie. - Régale avec la galette.

11. Un agent qui ne faisait pas la ronde en queue-de-pie. - 12. On y laisse l'art régner parmi les toiles. - Monsieur tout le monde. - 13. Peut jouer plus d'un tour, quel qu'en soit le sens. - Marais évoquant une hydre. - 14. C'est mouvoir, d'une certaine façon. - Un cours au plus bas. - 15. Qui sait ! - 16. Ce n'est pas une star, dans le monde des étoiles. - Il évoque la tête ou le siège. - 17. Ferai une demande de réparation. - 18. Ancienne fonction financière. - 19. À moitié fous. Être, dans un certain temps. - Cuir à moitié. - 20. S'écarte de la bonne voie.

Problème n° 67

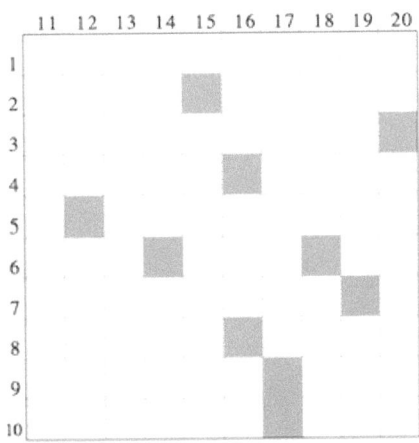

1. Remet à neuf ou repart à zéro. - **2.** Vierges des Antilles. - Pareils aux mêmes. - **3.** Procède par déduction. - **4.** Empereur romain. - Il fut de bon ton d'en pincer pour ses cordes. - **5.** Passée de la cause à l'effet. - **6.** Utilisa exagérément. - Des filets d'eau. - Paire de saint. - **7.** Fasses suite à une action d'éclat. - **8.** Tels des arbustes ayant fait l'objet d'une réduction. - Être futur. - **9.** Si elle est invisible aux yeux du corps, elle ne l'est pas à ceux de l'esprit. - Commence la nuit où finit l'ennui. - **10.** Bois, beaucoup. - Supporte dans un jeu de balle.

11. Remises de prix - **12.** Saint patron des orfèvres. - Qui va bien. **13.** Elle peut être prise à partie, bien qu'elle soit sans parti pris. - **14.** Qui ne manque pas d'os. - Sang mêler. - **15.** Partisan d'un régime de l'Est. - **16.** Amateur de fruits. - Bien vus ! - Très à droite. - **17.** Mets au même niveau. - **18.** Mots dits par de loquaces orateurs. - Se sert, sans fausse pudeur, de l'un des sens. - **19.** Des jeux de mains qui ne datent pas d'hier. - Montre son jeu de jambes. - **20.** Ancienne moitié. Hêtres en quantité.

Problème n° 68

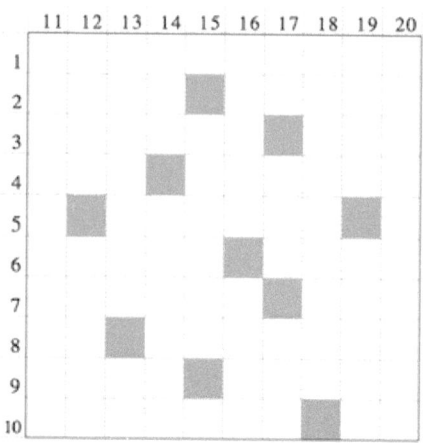

1. Elles mettent fin à une crise de foi. - **2.** Même quand on la dit petite, elle peut prendre une si grande place ! - Il n'est pas loin de la pôle position. - **3.** Rose ou orne un bouton. - Un oiseau qui nous en fait voir de toutes les couleurs. - **4.** Vient d'avoir... ou vient d'avoir mal, cela s'entend. - Augmenter le volume. - **5.** Pris la taille. - **6.** Pour le nourrisson, ce n'est pas un pis-aller. - Plutôt crue ! - **7.** Augmenta le nombre des sans-dents. - Il a un caractère explosif. - **8.** Éclat de rire. - Jouent peut-être leur dernière carte, voilà tout ! - **9.** Le type même de l'individu. - Principalement constituée d'os. - **10.** Elle fait saisir. - Où Tille est, notamment.

11. Ils composent les textes. - **12.** État d'émotion sans censure. - Passa en revue. - **13.** Expression enfantine. - Prix divisé par deux. - **14.** Thé anglais. - Protégées par des huiles. - **15.** Qui fait le tour en serrant au plus près la tête. - **16.** Prends en main. - Petit entêté. - **17.** Début de série. - Elle a été créé pour en finir avec la faim. - Mouche à moitié. **18.** Ils s'opposent à ce qui n'est pas deux. - **19.** Irlande gaélique. Pour le produire, il ne faut rien faire ! - **20.** Jeunes pousses.

Problème n° 69

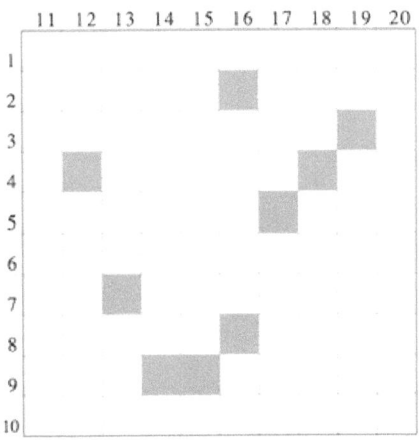

1. Iront se faire voir. - **2.** Mettra hors service. - Souvent présent à l'appel. - **3.** Mange jusqu'à la fin de la faim. - **4.** Lié ou allié. - Un peu d'argon dans l'air. - **5.** Cette mite, au logis, n'est pas la bienvenue. Le premier d'une liste. - **6.** Qui se retrouve sur les rotules. - **7.** Elle a eu tout le temps de ruminer. - Alarmer les réservistes. - **8.** Cité dans le sud. - Fait un certain temps jusqu'à devenir plus vieux. - **9.** Grande école. - Mauvais esprit. - **10.** Nullement ne ménagèrent, en parlant chiffons.

11. Elles préfèrent les plaisirs de la chaire. - **12.** Fétide, c'est une résine. - Elle a lame dure, est scie rigide ! - **13.** Qui s'est mis en quatre ? Homme de la rue. - **14.** Elle sait filer promptement. - **15.** Faisons un geste. - **16.** Bien qu'elle ne soit pas extraordinaire, on peut dire « qu'elle perle » ! - Moitié de deux. - **17.** Qui ne peut donc être tiré par les cheveux. - Terme qui va de pair avec la mer. - **18.** Doublé, c'est salé. - Avant le feu, pour en faire. - **19.** Nouveau cycle. - Il vient d'aile. - **20.** Prirent une autre direction, virèrent.

Problème n° 70

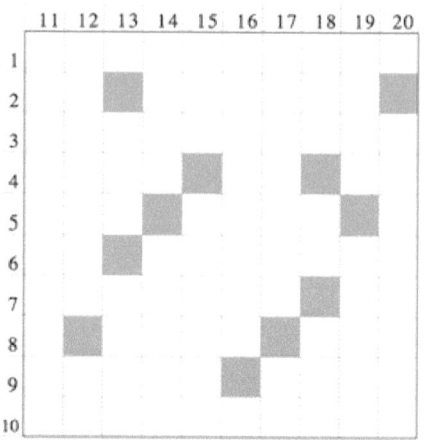

1. Ancien palais royal où l'on peut voir, encore, l'art régner parmi les toiles. - **2.** Précieux étalon. - Pascal chez les Juifs. - **3.** Globalement, elles font le tour du monde. - **4.** Salée ou pimentée. - Un peu d'argon dans l'argent. - Le début de la sagesse. - **5.** Dit non, ne se met pas à table. - Apprêta pour un rendu. - **6.** Évoquait autrefois des manœuvres militaires. - Avec l'entrain d'un chef de gare comme ses locos motivent. - **7.** S'accorde avec chaleur. - Additif couramment utilisé. - **8.** Chacun le fait avec chagrin. - Iront en fin. - **9.** Petite, elle roule. - Résultat d'un tirage. - **10.** Mettras en serres ou tiendras dans ses griffes.

11. Des terres minées, surmonte sa peur. - **12.** L'usure du temps. Rien à moitié. - **13.** Arrivée en fin d'année. - En a fait voir, aux dieux, de toutes les couleurs. - **14.** Prend femme à la maternité. - Un composé qui a ses radicaux. - **15.** Fait de l'effet. - S'exprimer par les cris. **16.** Elle est en creux, sympathique aux yeux des dames. - **17.** Trompée par leurre. - Le début du sentier. - **18.** Il bichonne l'étalon jusqu'aux pieds. - Juste un peu d'argent. - Dans la Bible cité. - **19.** Un bon bout de queues. - Ne vit pas... l'évidence. - **20.** Leurs feuilles s'élancent en fer de flèche.

Problème n° 71

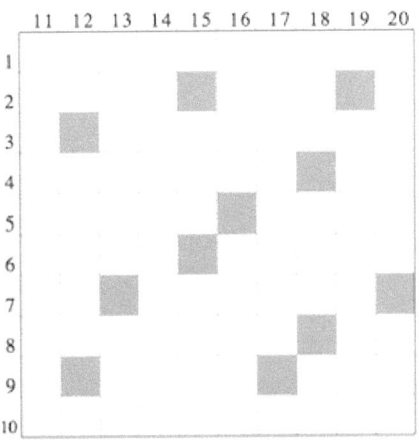

1. Réglet chez l'architecte. - 2. Est nécessaire à la prise de son. - Anglaise de malt. - 3. Chercher la perle rare. - 4. Régime économique. Rapport entre deux membres d'un cercle. - 5. Flamande capitale pour des Bourguignons. - Qui s'est laissé emporter. - 6. Une façon de voir. Garde des sots. - 7. Introduit dans le monde. - Pas courante sur le marché, il faut se presser pour la voir, voire l'avoir... - 8. T'occuperas de certains intérêts comme du capital. - Morceau de musique. - 9. Signent des temps. - Un mot qui donne toujours raison. - 10. Appuierait très fortement.

11. Aime les aventures. - 12. Un peu d'eau. - À qui l'on a porté ce cours ? - 13. Elle croît sur le champ. - Un train qui va dans les deux sens. - 14. Préparera l'arrêt avec la manière. - 15. A bonnet... aux dernières places. - Mesures prises sur le champ. - 16. Le meilleur du pis. - Sans relief. - 17. Sous-entendus. - 18. Pour copie conforme. - A bien du plaisir. - Élément de choix. - 19. Viserai la peau lisse. - 20. Très attachée. - Belles manières.

Problème n° 72

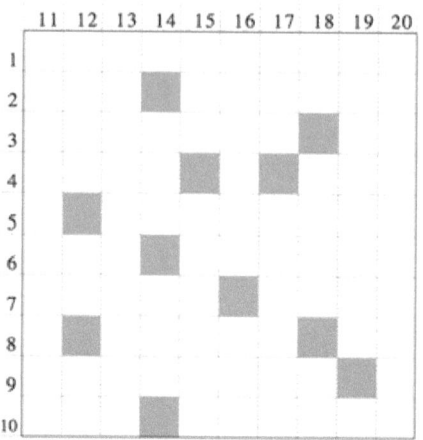

1. Être de lumière. - 2. Suit un avoir pour un temps qui n'est plus. Tel que l'on vît sans vie. - 3. Il a besoin d'un tuteur. - De l'argent dans l'argon. - 4. Ce pouvait être une traction, avant. - Marque-page mal vu du bibliophile. - 5. Donnais un prix. - 6. Oncle d'Amérique. Travailles à la pièce. - 7. Poussent à bout. - Un sein bien familier. - 8. Parente de frère ou de sir. - Suivi au début. - 9. Pour être bien vus ou dits cernés. - 10. Placé, à l'endroit comme à l'envers. - Leur meilleure attaque est la tactique.

11. Remises à leur place. - 12. Il prévient la chute de ce qui est mur. Un ouvrier à la fin du repos. - Mot d'absence. - 13. De cœur pour les sujets sensibles. - 14. À moi ! - Grecque. - 15. Fait un dépôt, même quand il n'y a plus de liquide. - Il soutient les jeunes pousses. - 16. Des soucis qui se mélangent aux pensées. - Ce n'est pas en vain qu'il s'applique au terroir. - 17. Qui a l'air détaché. - Attaquées à la base. 18. Remplace le docteur. - C'est cuit ! - En fin de grossesse. - 19. On les dit par tradition très Rome antique. - 20. Dits gérants, aussi.

Problème n° 73

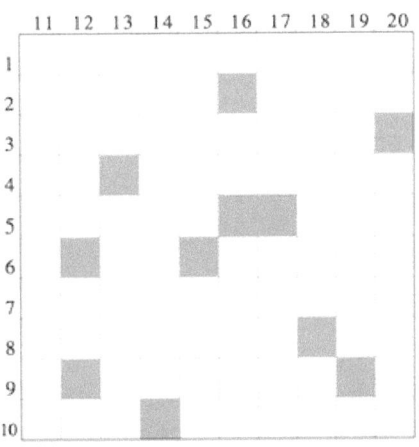

1. Qui s'appellent ? - 2. Monnaie du pape. - Apporté dans ses bagages. 3. Quand la pilule est difficile à avaler. - 4. Fruit de la passion quand il est nouveau. - Qui ont de la veine, visiblement... - 5. Ceux qui le sont sur le volet peuvent voir des portes s'ouvrir. - Mesure de champ. 6. Ce filet ne fera pas prendre de gros poissons. - De fait, priva de droits. - 7. D'une manière qui ne prête pas à rire. - 8. Introduisis en certain milieu. - Ajoute ou met à la fin. - 9. Accueillent ceux qui ont perdu la tête ou ne savent plus où mettre les pieds. - 10. Sans dessus ni dessous. - Enceinte sur le champ.

11. Mise en terre. - 12. Avoir un retour de son. - Une route qui fait le tour du Rhin. - 13. Un temps à la fin de la prière. - Donnas les couleurs d'un spectre. - 14. Qui ont comme un nerf agacé. - 15. Un peu chaudes. - Emmène au pays des éléphants roses. - 16. Fait la moitié. Quelle galère ! - 17. À moi ! - Leur affection vient du cœur. - 18. Même pour de vieux objets, ça fait neuf. - Cassante au milieu. - 19. Valide. - 20. Heureuse en fin. - Dans l'État de Washington.

Problème n° 74

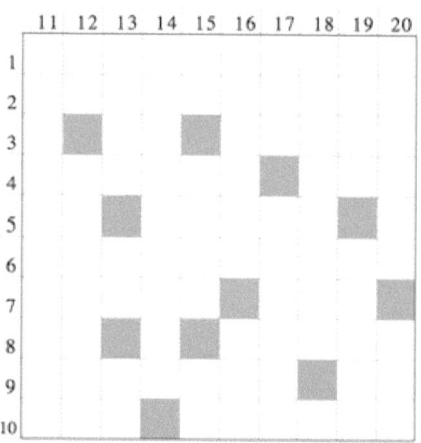

1. Allées et venues dans les allées et avenues. - **2.** Sillons feraient. **3.** Un dernier cri passé de mode. - Enclos pour brebis égarées. - **4.** Bouts de chemins. - Des airs d'Amérique. - **5.** C'est la fin de tout. Racine vomitive. - **6.** Touche au cœur. - **7.** Le temps d'une révolution. Doublé, fait mouche. - **8.** Où l'on sourit des « petits miquets ». - Qui a une grande gueule. - **9.** Rendre poli. - À bout d'habits ? - **10.** La naît lumière. - Égalisés sur le terrain.

11. À certains indices, pensable. - **12.** Riant au début, marri à la fin. Qui ont acquis une certaine dimension. - **13.** Grand dieu ! - Toujours premier. - Sort par les deux bouts. - **14.** Ne donnèrent pas de vraies infos. - **15.** Manger à sa fin. - Elle sépare le Vexin du… Vexin. - S'entend tambour battant. - **16.** Lac du Nil. - Berceau pour petit bateau. **17.** Réaction de celui qui se fait pincer. - Donnera en exemple. - **18.** Nettoya la sale. - **19.** Met « à bouts ». - Elle circule à Bruxelles. - **20.** Elle a un air désert. - Dans le sens du plein décence.

Problème n° 75

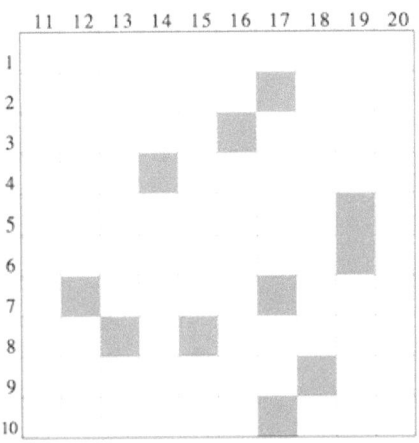

1. Met la gomme sur la route. - 2. Plis, ou ramassages de plis. Tendre et impossible à tendre. - 3. Tour du lagon. - Une partie d'été qui voit du monde partir. - 4. On n'a pas plus proche. - En situation de marcher comme un... seul ensemble. - 5. Comme des montures qu'on n'a pas su ménager. - 6. Qui peuvent se tenir les côtes, sans rire. - 7. Port méditerranéen. - Des cheveux qui s'entêtent, rebelles. 8. Deux lettres sur une lettre. - Couper court. - 9. Qui ont tout, des atours, des atouts. - Une note du répertoire. - 10. Séparent le bon grain de l'ivraie ? - Ils sont fréquemment jetés au tapis.

11. Qu'il ordonne, et toute une population lui obéit. - 12. Sens inverse. On y trouve Toulon, mais c'est aussi un cours. - 13. Ils font prendre la défense des éléphants. - Dans un refus total. - 14. Élément d'une cuisine bien équipée. - Un tout petit peu de pain. - 15. Préparent à la monte. - Bien branché. - 16. Morceau de grès. - Résultat d'une bonne action. - 17. Prise par le temps. - Bout de gras. - 18. Qui ont perdu leur forme, manquent de tranchant. - 19. Qui ne manque pas d'attache. Au moins une fois parent. - 20. Qui tiennent sous leur protection.

Problème n° 76

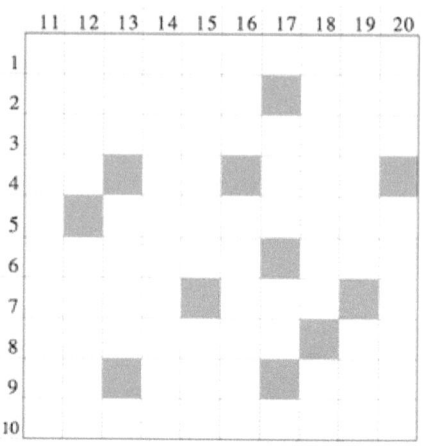

1. Oh ! nettement. - **2.** Dont les espoirs « apurent pertes » finissent en désespoir. - Qu'elle soit d'or ou d'argent, la croix de saint Antoine en est un. - **3.** C'est à juste titre qu'elles priment l'action. - **4.** Bout de route. - Avant le nom d'une société anonyme. - Prit en partie ou prit le parti d'en rire. - **5.** Elles relient même les feuillets encore vierges. **6.** Qui est coite, quoi ! - Reste au milieu. - **7.** Ne pas laisser sans emploi. - Pas assez parée. - **8.** Un groupe de neuf fait d'Anciens. - Au milieu de la pile. - **9.** Associé à nouveau pour une délivrance. - Va à rebrousse-poil. - Parole d'échanson : serait-elle en vers, ce n'est point à boire ! - **10.** De bonnes notes obtenues sans forcer.

11. Donnent leur avis sur la vie des autres. - **12.** C'est un des astres. On la trouve attachée à un arbre. - **13.** Arrivait à la fin. - Marque de propriété. - **14.** Dont on ne revient pas. - **15.** Recommence à zéro. Une pomme sucrée sous la dent. - **16.** Être d'une certaine façon. - Fit un retour. - **17.** Promesse de se rendre. - Capitales pour l'Europe. - **18.** D'une certaine bannière. - Doré dans le milieu. - **19.** Ville de l'ouest armoricain. - Poisson d'eau douce. - **20.** Vraiment têtus, à la fin ! Manières d'être.

Problème nº 77

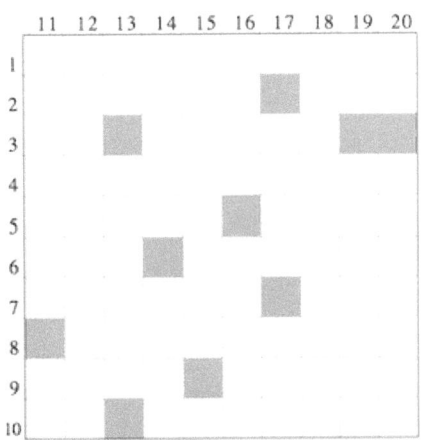

1. Bague ornée, comme il se doit. - **2.** Une victoire qui aurait valu ces mots à Bonaparte : « C'est là, dis-je ! » - Lue dans le désordre. - **3.** Il n'y a point plus fort. - De quoi vomir ! - **4.** Filles d'un pays entre deux mers. - **5.** Est tissu du cœur. - D'un ton au naturel. - **6.** Remise en ordre. - Mettra des bâtons dans les roues ou empêchera de tourner en rond. - **7.** Occuper une place de choix. - Qui m'appartient. - **8.** À peu de chose... presque. - **9.** Fait un trop brusque mouvement d'os. Dans le dénuement, qui n'a pas de sous. - **10.** *id est* aux bouts d'une idée. - Elles travaillent à la fermeture de vraies fosses.

11. Qui font peur ! - Début de liaison. - **12.** Tel un événement « marqu'an ». - **13.** Comme deux lettres à la poste. - Signifient une prise de congé. - **14.** Désigne ce qui est apparent, éloigné. - Écossais d'origine. - **15.** Alpines autrefois. - **16.** Qui a la corde au cou ou toute forme d'attache... ment. - Élève... dans la cour, possiblement. - **17.** Agence de voyages. - Mettre à gauche. - **18.** Vive, la douleur ! - **19.** Note prise en réunion. - Qui ne va pas dans le bons sens. - **20.** Un peu de peu. - Qui, même imberbes, nous barbent.

Problème n° 78

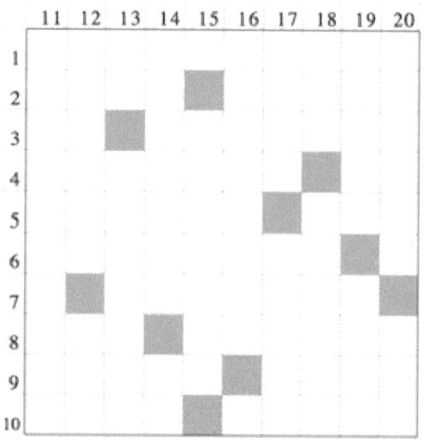

1. « N'allurent » pas les deux pieds dans le même sabot. - 2. Ses révolutions font toujours avancer. - Bien ou mal, c'est une question de chance comme de sens. - 3. Bout de tuyau. - Avec un goût d'Antilles alcoolique. - 4. Les amateurs de poisson en font « bonne chair ». - Spécialiste des phrases sans fin. - 5. Comme s'il n'existait pas ! - Elle est toujours fétide. - 6. Donneras le ton. - 7. Elle ne fait pas saliver. - 8. L'armée, naguère. - Sépare facilement des caractères fort différents. - 9. Ils font beaucoup d'enfants enjoués. - Pareillement. - 10. En droit, c'est l'endroit. - Faux anis.

11. Un héritage auquel chacun peut prétendre. - 12. Travaille aux transmissions. - Un mot d'intimité. - 13. Entre le pour et le contre. Fruits d'un rapprochement est-ouest. - 14. Couvrons les plantes au pied. - De bord à bord, en un sens. - 15. Culottées ou sans culotte. 16. Répondras à côté. - 17. Une ville brillante à résidence papale. Qualificatif pour un sport de hauteur. - 18. Être au passé. - Jaune un peu passé. - 19. Dont on n'admet pas l'existence. - Participation au repas. - 20. Dont on a pris la mesure. - Le son de l'élève qui n'a pas appris sa leçon.

Problème n° 79

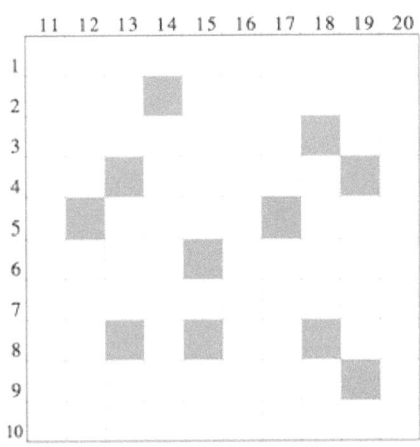

1. Une manière d'interpeller déjà présente à l'appel. - 2. Fait tort... et presque fait tard. - Qui concerne un vol. - 3. D'émaux différents mais égaux, en un mot. - Ordonnateur ou ordinateur. - 4. Est anglais... sur la Tille. - C'est une voie, bien entendu. - 5. Dos d'âne. - Lettres germaniques. - 6. Cet endroit, c'est l'envers. - Oiseaux des eaux. - 7. Ils savent manier le ballon. - 8. Mot d'intérieur. - *Id est* en raccourci. Finit toujours la course. - 9. Évitons pas mal de mots. - 10. Qui n'ont pas froid aux yeux ni la langue dans leur poche.

11. Spécialiste en valeurs mobilières. - 12. Annonce la suite. - Un bénéfice qui a subi un prélèvement. - 13. Son élevage est une profession de foie. - A cours en Suisse. - Un peu de science-fiction. - 14. Elle se nourrit de ressentiments, pas d'heureux sentiments. - 15. Un coup de pied bien placé. - Un élément chimique fait avec un peu d'amour. 16. Remise en fonctions. - 17. Bout de bois. - Avoir d'une certaine manière. - 18. Membre permanent d'un cercle. - Cours d'Irlande. Moitié de sept. - 19. Fait l'appel. - Les forçats y étaient très attachés. 20. Qui font l'objet d'un dépôt.

Problème n° 80

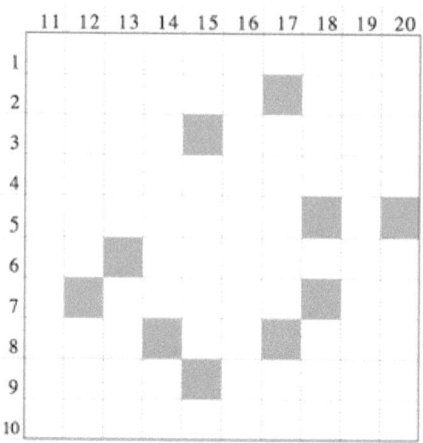

1. Elle fait lire les cartes. - 2. L'œil de Rê. - Avoir partagé. - 3. Peuple somali. - On ne saurait dire vaut rien. - 4. Remises à leur place. - 5. Qui le détient a de l'étoffe ! - 6. Haut au milieu. - L'être et le hêtre l'ont en commun. - 7. Tentais là tout. - Un raccourci pour la matinée. 8. Débuts de débutant, familièrement parlant. - Saint à l'ouest. - Les coups de pompes la font mousser. - 9. Rebelles et bien dressés, tout à la fois. - Il peut s'accompagner de tomates sur les planches. - 10. Sommes d'âneries.

11. Elles sont montées pour être des fêtes. - 12. Il évite que l'aviron ne se barre. - Dope ou la fin de la *dope,* en un sens. - 13. Point d'eau. Service mortuaire à des fins honorifiques. - 14. Dans l'énorme, pas dans les normes. - Le saint des paresseux. - 15. Cours vite asséché. Les sacs, c'est dans ses cordes. - 16. Élèvent qui aime les cols. - 17. Fauchées, elles finissent en bières. - Auxiliaire à la (première) personne. - 18. Elle fait plus que le ras des champs. - À César ou à Marie. 19. Insérer... les rangs. - 20. Être au présent. - Veux être reçu.

Problème n° 81

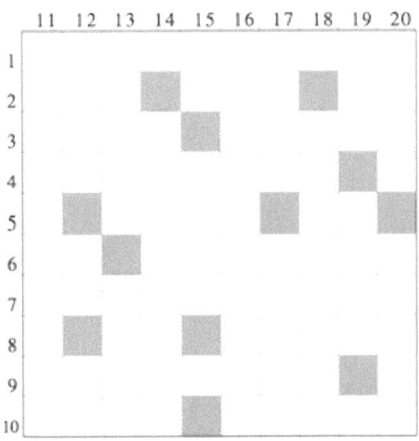

1. Fais échec au mat d'une pièce. - 2. Charentaise. - Un recueil qui peut se lire dans les deux sens. - Du titane dans le platine. - 3. Elle n'est pas percée sans forêt. - Pays de lamas. - 4. Elle est entrain. - 5. Si on le prend de haut, on peut tomber bien bas. - Ainsi commence toute légende. - 6. Un peu de chrome dans le mercure. - Sans emploi ou à l'emploi occasionnel. - 7. Qui reflète l'opale. - 8. Abrégé d'un dictionnaire. - Être en devenir. - 9. Réduit à sa plus simple expression. - 10. Bien roulées. - Elle n'est pas seule garante d'une situation bien assise.

11. Ce n'est qu'un jeu d'enfant. - 12. Unité iranienne. - Deux lettres à la poste. - Un taux réduit de moitié pour un article. - 13. Fleurs de couleurs en Afrique du Sud. - Bon pour le service. - 14. Fis la peau du poisson. - 15. Un article qui est large au début. - Caractère germain. 16. Comme il est plus fort que la toux, il l'écarte. - 17. Arrive à grands cris. - Un bavard roi n'y jouerait pas un petit rôle. - 18. Quelles cloches ! - 19. On en espère au moins un vrai mois doux. - Un vieux cracheur de feu toujours en activité. - 20. Naturel, on imagine cet endroit en vert. - Un mot qui en dit long.

Problème n° 82

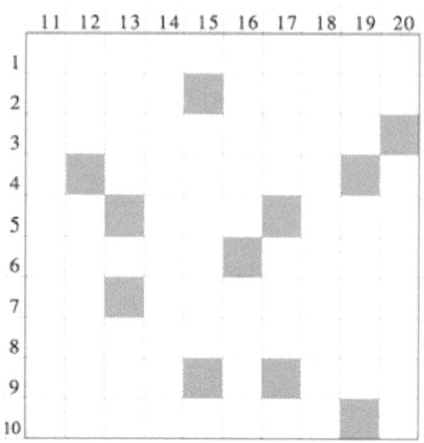

1. Leur science est complexe, mais on y trouve des simples. - 2. Philosophe français. - Un poisson courant dans les eaux froides, ça l'est. - 3. Élémentaires, ces particules ! - 4. Cousin germain. - 5. Fait tout à moitié. - Secrets d'Amérique. - Il tient tête. - 6. Du fond de l'œil. - Homme de Chambre. - 7. Un peu d'eux. - Rend service, resserre les boulons... - 8. Si elles ne sont pas à la rue, on les trouve aux bords d'elle. - 9. Dans cette cité studieuse, la Tamise a cours. Sers en fin. - 10. Monnaie antique, pas en toc.

11. Femmes d'argent. - 12. Division scandinave. - Vagabonde chez Schubert. - 13. Un mot pour ne rien oublier. - À vous ! - 14. Passe avant, à ce qu'on sait. - 15. Ne laisser que des cendres. - 16. Fit des faux. - S'il garde la Chambre, c'est qu'il n'est pas malade. - 17. Elle donne de la portée aux chanteurs ou aux parleurs. - Religieux porté sur le matériel. - 18. Faite en parties. - 19. Roulés dans la farine. Faire le beau. - 20. Début de service. - Si elle fait prendre des gants, ils sont de boxe.

Problème n° 83

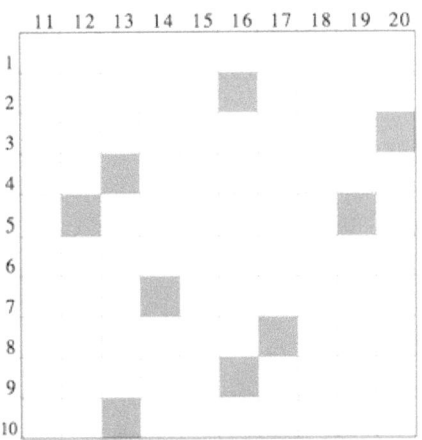

1. Qui ont biens pris. - 2. Pièce de collection. - Qui finit sur une pointe. - 3. Fait néant, ou le fait de n'avoir rien fait. - 4. Creuse au milieu. - Plantes communes des jachères. - 5. Une voie qui peut être engorgée. - 6. Prendrai la poudre d'escampette au son du canon. - 7. A son bassin au pied du Luberon. - Commande l'ouverture des portes. - 8. Comme des contes de faits, à bon entendeur. - Il est plutôt fleur bleue. - 9. Elle voit passer l'Oise. - Prend la tête. - 10. Fait exprès, à la fin. - Les amateurs de crimes passionnels sont, à cette cour, assidus.

11. Une forme d'auto-sujétion. - 12. Un objet qui serre bien. - C'est parés... dans le désordre. - 13. D'un pied à l'autre. - À la réflexion... lumineuse, la Lune en est un. - 14. Apparemment sans tache. - Aval des vallées. - 15. Qui s'appliquent en tous les cas. - 16. Il faut bien qu'elles soient exposées, avant qu'elles n'explosent ! - 17. Si elles accompagnent les poulets, c'est grâce au panier à salades. - La moitié d'un demi. - 18. Dans l'esprit de la lettre. - 19. Belle mer. - S'accorde avec acide. - 20. Issu en fin. - Maigres... et pourtant leur chair est chère aux connaisseurs.

Problème n° 84

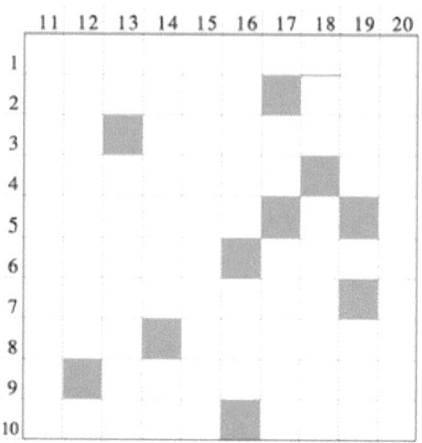

1. Avec des périodes entrecoupées, en dents de scie. - 2. Telle une question qui ne se posait pas. - Petit Suisse. - 3. Qui exprime la connaissance. - Espèce de bruant. - 4. Dans la bouche des enfants. Un petit poids plus utile en chimie qu'en cuisine. - 5. Un esprit quelquefois mal vu. - 6. Résultat d'une fusion. - Le saut du village... olympique. - 7. Qui ne manque pas de liant. - 8. Période palindrome. Une certaine dignité. - 9. Faisait revenir les esprits, avec ou sans sels. 10. Montrent une activité dans les pores. - Évite à la roue d'aller par-delà l'essieu.

11. Remises en état. - 12. Pratiqueront la séparation des espèces. 13. En mouvement. - Maîtresse de maison. - 14. Bien comme il faut. Demi-sang. - 15. Ombrent au tableau. - 16. Elle voit le petit mis au lait. - L'heureux proche sans reproches. - 17. Finit les photos au milieu de la pose. - Fait bouger les choses. - 18. Vaut rien. - C'est leur service qu'on prie, à la cérémonie. - 19. Lent train des villes. - Relie le livre. - 20. Pour la travailler, c'est l'usine à gaze !

Problème n° 85

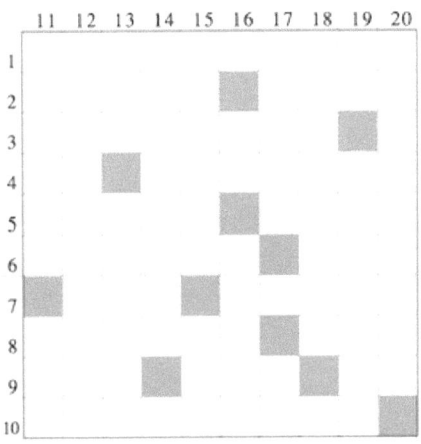

1. D'une branche qui comprend les oiseaux. - 2. Résultat d'une chute ou d'une ascension. - Venant d'un cervidé, au parfum sert. - 3. On en fait toute une histoire. - 4. Est dit pour toi. - Réponds à un besoin pressant. - 5. L'épreuve pour les preuves. - S'ils trottent, c'est toujours en tête. - 6. Avoir une situation bien assise. - Morceau d'histoire. - 7. Partie de la couronne. - Faire joli. - 8. Mets l'anis. - Fit rendre l'âme... d'un coup d'épée ? - 9. Preneur de son. - Arbre à pommes. - Rions un peu. - 10. Bien senties.

11. Morceaux d'écorce pour des fruits méditerranéens. - Elle se donne au Rhin. - 12. Fait de l'effet. - 13. Osé quand on le double. Une succession y est assurée. - 14. Façons de parler ! - 15. Reine des glaces. - Il est de mèche avec les rebelles. - 16. Le soleil d'Égypte ou un peu de ses rayons. - Changer de ton. - 17. Suivit le modèle. - La fin d'un règne. - 18. Résultat d'une division. - 19. Lettres d'Amérique. Maladresses ou mauvaises directions. - 20. Prendrai un peu de pois.

Problème n° 86

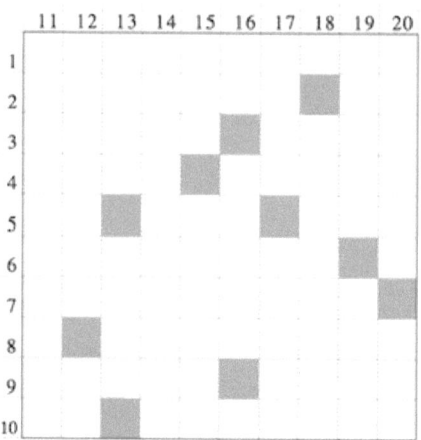

1. Porteurs d'eau ou goûteurs de vins. - 2. Fixées au moyen d'un moyeu. - Obtenu dans le feu. - 3. Il se couche sur la toile mais rarement il dore. - Mot dit quand on ne sait mot dire. - 4. Images ou desseins. - Mot pour mal être. - 5. Le 89 dans une liste. - Un voisin de la daurade qu'on peut tirer de la sardine. - S'exprime tant que l'âme est en corps encore... - 6. Retransmis, dans un sens imagé. - 7. Fera son cinéma. - 8. Jouèrent une pièce. - 9. Mise en œuvre. - Tel un cadeau des fées. - 10. Lettres en attente. - Faire un renvoi.

11. Un mot issu de secours. - 12. Qui a su à quel saint se vouer. - Un raccourci pour une route nationale. - 13. Bord d'eau. - Il brille dans les réceptions. - 14. Il alimente les scènes de ménage. - 15. Se dit pour les autres. - Mise au courant. - 16. Il sert les desseins du dessinateur. - Fruit de la pêche. - 17. S'entend sur la Baltique. - Mis en ordre. - 18. Réunirent des pièces avec force conviction. - 19. Mis dans le même sac. - Nom de six reines, plus ou moins. - 20. Exprimées du bout des lèvres. - Donne un air de déjà-vu.

Problème n° 87

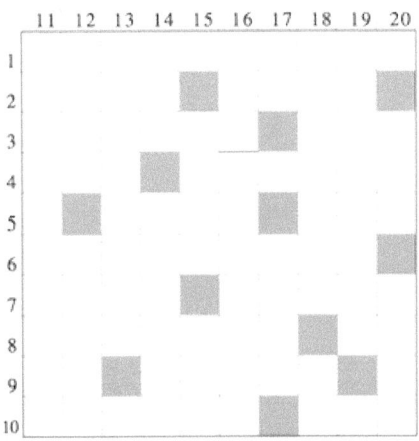

1. Figures angulaires. - 2. Peut être halo pour un esprit devin. - Port algérien. - 3. Fait passer séjours à l'ombre. - Organe indispensable à l'un des sens. - 4. Atomes en fin de désintégration. - Est partie prenante dans la défense des animaux. - 5. Lac de Lombardie. - Elle eut la cote auprès d'Adam. - 6. Elle passait le temps en Égypte. - 7. Nom d'Irlande. - Commençaient en fin. - 8. Feront comme des cerfs. - Un peu têtu, à la fin ! - 9. Un élément chimique rare dans le milieu. Changés d'aire. - 10. Un nom propre à ce qui ne l'est pas. - Elle se déploie en colonnes.

11. Mettras la pièce. - 12. L'Europe en pièces. - Tirera les ficelles. 13. Est crins autant... qu'il s'agisse d'un lion ou d'un cheval ! - 14. Grand nombre. - Émission pour enfant, naturellement. - 15. Les élever est une question de foie. - Tant frappé qu'il n'est plus dans le coup. - 16. Elle n'a pas la jouissance de l'un des sens. - 17. Demi-gros ou sentier qui aide à garder la ligne. - Exprimée par écrit ou par les cris. - 18. Traditionnellement faite cuir. - Le début du succès, c'est bien connu. - 19. Agacent ou pis. - 20. Dorée... alors fin, pour les gourmets. - L'argent du peuple.

Problème n° 88

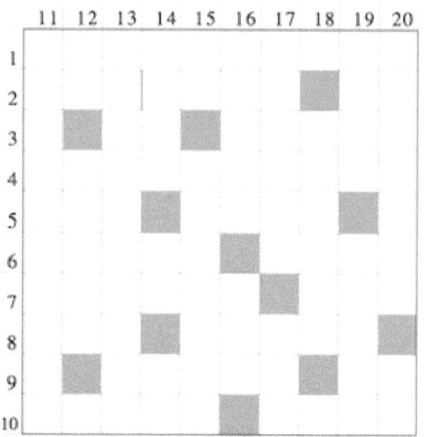

1. Home protecteur. - 2. Bruits de couloirs. - Un mot d'absence. - 3. Sert, un demi ! - Comme le tronc d'un chêne, même un peu plié. - 4. Partager le gâteau. - 5. Il faut être « bête » pour ne pas pouvoir en sortir. - Manière d'être. - 6. Travaille à la reproduction. - Participe d'un animal de mauvais poil. - 7. Peut tenir la vedette dans une histoire d'eau. - Il pleut, finalement ! - 8. Certain. - Fait apparaître un spectre. - 9. Ces poissons fraient en eau douce. - Eau courante. 10. Fera entrer dans ses cordes. - Des lys et les fleurs du bien ?

11. Dont tous les éléments sont de même niveau. - 12. Un article qui paraît toujours à l'aube. - L'étoile à surexposition temporaire - 13. Fort est ce café qu'on sert ! - 14. Quelque chose qui nous passe par la tête. - Un article toujours en place. - Un métal d'orfèvre. - 15. Un peu titube. - Se remit à l'ouvrage après épuisement. - 16. Est courant à la cour. - Fin de prière. - 17. Quand on le voit en ville, la campagne n'est pas loin *(angl.)*. - Baie du Japon. - 18. Des moyens de s'en sortir. - 19. Des ronds dans l'eau. - Petit nombre. - 20. Refuserait de se mettre à table. - Unique au début.

Problème n° 89

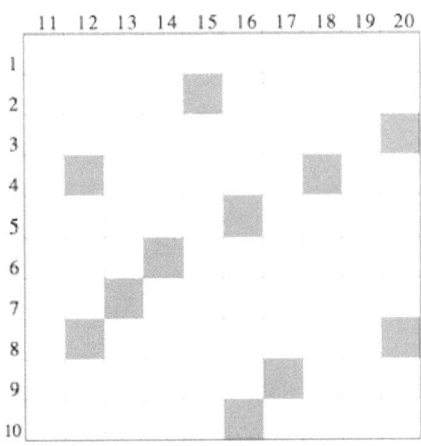

1. Ils n'ont pas d'accointances avec les courts de bourse. - 2. Sur Seine ou dans l'Eure. - Rafraîchit la laine. - 3. Au moins ou sans plus. 4. Fêlés ou même cassés. - C'est lui au milieu d'aile. - 5. Double moitié pour un Tristan triste. - Un peu d'aile. - 6. Qui ont tout quitté. Laisse passer des flèches en direction de l'Arc. - 7. Divinité de la Terre qui enfanta de la mer. - Forcément, ça rame ! - 8. Perdent en route. - 9. Emporte, prend avec lui... peut-être la porte, l'huis. - Ils sont généralement récupérés après qu'ils aient été jetés. - 10. Instrument de filature. - Mit les poissons dans la balance ?

11. Discerner ou décerner... - 12. Première moitié du monde. - A les pores très actifs. - Un peu de molybdène dans l'antimoine. - 13. Compter pour elles ne vaut rien. - Mué en désordre ou remué. - 14. Bataille de l'Empire. - Aînée depuis un certain temps. - 15. Lui peut être et avoir été. - 16. Que les pousses poussent espère. - Titre de seigneur ou prince de sang. - 17. Tel l'heureux gain d'un concours de circonstances. - 18. Il ne craignait pas le bal costumé. - Nous dirons d'elle qu'elle ne fait pas le printemps. - 19. Qui sont dans le rouge. 20. Derniers de la classe. - Une ville qui a compté des mineurs en majorité. - Un nom pour une société anonyme.

Problème n° 90

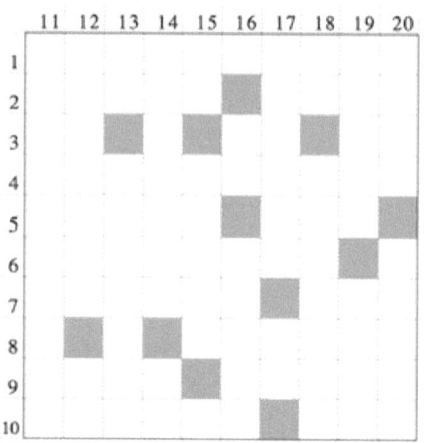

1. Grosse augmentation. - **2.** Telle une tenture sans teinture. - Entre lacs aux U.S.A. - **3.** C'est cela ! - Pouvoir passé. - Un peu de chlore, un centilitre même. - **4.** Qui prennent facilement la mouche, trouvant aisément leur cible. - **5.** Il hausse le ton. - Dépôt de vin qu'on ne verse pas. - **6.** Prises « à parti ». - **7.** Grand nombre. - Ils parlent une langue kwa, quoi ! - **8.** Table ou stable. - **9.** C'est une fille ! - Après vous ! - **10.** Travailler à la chaîne. - Quand le soleil fait son chaud.

11. C'est sûr ! - **12.** Instrument à vent, encore aujourd'hui. - La raie au milieu. - **13.** Fin de tour pour une vieille cité. - Synonyme d'éthérés, hors de terre. - **14.** Est touffe dans la végétation. - À bout de bras. **15.** Bout de file. - Vieil Irlandais. - **16.** Il est transcendant en mathématiques. - S'en référer à la cour. - **17.** Pièce de pièce. - Bout de métal en aluminium. - **18.** Élément chimique, vert au milieu. - Qui se lit, délié. - **19.** Où l'on a pu dire : « s'il y a concile y a bulle ». - Qui démontre un excès de maturité. - **20.** Tout comme. - Porté sur le vert.

Problème n° 91

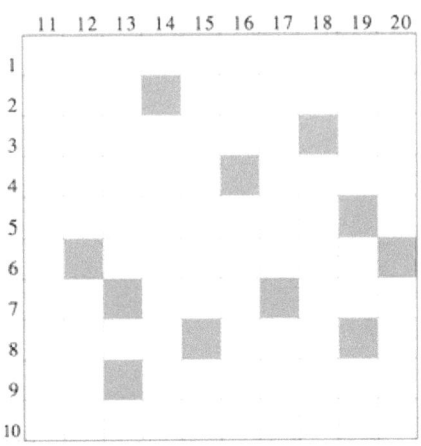

1. Qui voient d'un bon œil. - 2. En trouver un ferait un effet bœuf ! Monté de toutes pièces. - 3. Doublé, c'est équitable. - Le début de l'enfance. - 4. Partie de l'intestin. - Fit de l'air. - 5. Ça tire ! - 6. C'est beaucoup de vent et de tous côtés. - 7. Il a cours en Russie. - Mettre à moitié. - Expression d'un doute. - 8. Compositeur italien, auteur d'un *Journal polonais*. - À son évocation, à beaucoup d'années l'on s'attend.- 9. Venu en fin. - Garde-fous. - 10. Entrera, avec certaine méthode, au logis.

11. Mis en examen. - 12. Qui s'amuse à amuser la galerie. - La surprise partie, peut-être n'était-ce qu'un bruit sourd ! - 13. Prennent la tête d'une course à pied, à cheval, en voiture... - 14. Une maladie que peut donner le bourdon. - 15. Revenu à lui, quand bien même les témoins n'en reviendraient pas ! - Unité ou début d'unité. - 16. Il donne signe de vie. - Arrivera à prendre parti. - 17. Ce métal peut bien prendre l'air, jamais il ne s'altère. - Terre inculte. - 18. Fin d'infinitif. - La beauté, ça lui botte ! - 19. Qui respecte ses valeurs ou affiche son mépris. - C'est moins que peu. - De l'erbium dans l'acier. 20. Mélange d'huiles. - Mit sur le tapis.

Problème n° 92

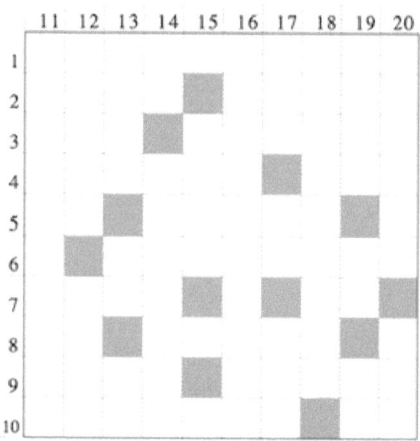

1. Qui ont de qui tenir. - 2. Pays mormon. - Un acte tant odieux que diabolique. - 3. Participe dans la nuit. - Gros minet. - 4. Elle est responsable des poules mouillées. - Fit les bottes. - 5. La fin de la dette. Région d'Allemagne. - 6. Remise en formes... généreuses. - 7. Interrogation latine. - Doublé pour une tenue de scène. - 8. L'une de ces cités qu'on ne verra plus. - Suit le mouvement. - 9. Travaille deux bouts. - Passer à côté de quelque chose. - 10. Graves par leur ampleur ou susceptibles de faire pleurer. - Le dernier est le cadet.

11. Gens de la lune... sous influence. - 12. Elle va à toute vapeur. - Elle peut s'ouvrir pour un oui ou pour un non. - 13. Qui voit le verre à moitié plein ou qui en a bu plus d'un. - Avant après pour annoncer la suite. - Ses chaînes captivent. - 14. Partie de rigolade. - D'un métal blanc. - 15. Prendre le taureau par les cornes ou être olé olé ! - 16. Il va dans le décor. - 17. Une vieille colère pour se taire à la fin. - Il peut être pris pour soi, tout bien réfléchi. - D'immondices, sont des monts effrayants. - 18. Spécialité dûment charcutière. - 19. Effet des plaisirs des sens sans interdit. - Touché en plein cœur. - Prends au milieu. 20. Qui a rapport au porc. - Le savoir est une forme de reconnaissance.

Problème n° 93

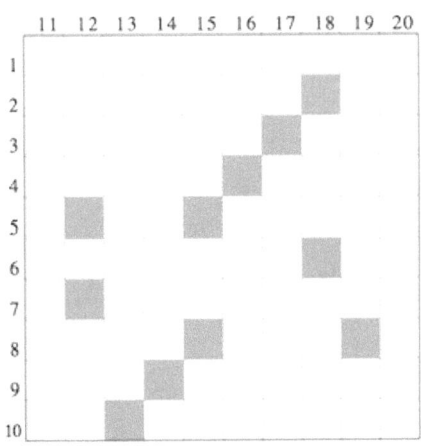

1. Penchant de travers. - 2. Un bien mauvais tour ! - Début d'entente. 3. Bien qu'il se tienne en retrait, il attire l'attention. - Avoir pour les autres. - 4. Mesures de capacité. - Joua finement pour arriver à ses fins. - 5. On le trouve avec certitude dans toutes les hypothèses. Sang-mêlé. - 6. Question d'identité. - Demi-gros. - 7. Au lendemain de sa fête, *c'est l'armistice !* annonça l'estafette. - 8. Tierce personne. À l'identique. - 9. Arrivée en fin de journée. - D'un œuf sera envieux ? - 10. Le 22 dans une liste. - Fais des faux.

11. Sont usagers. - 12. C'était, avant, un dieu dans le vent. - Dans un ordre de valeurs, il pousserait à la queue le leu. - 13. Coule abondamment, jusqu'à dégoûter. - 14. Qui a pris l'air. - 15. Longtemps, très longs temps. - Saint normand. - Note en miniature. - 16. Vallée riante, au moins à demi. - Faire une fausse déclaration. - 17. Laisse en fin. - Se tiendra coi, quoi ! - 18. Sorti au milieu de la route. Hameau. - 19. De l'électricité dans l'air. - Début d'une révolution. 20. Resteras à faire des tas... sur le bureau ministre ?

Problème n° 94

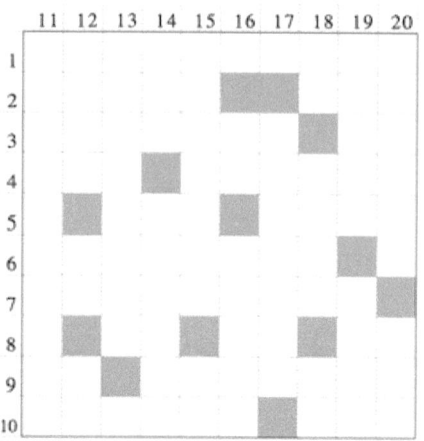

1. Elles sont émises à dessein, mais ne restent parfois que des vœux pieux. - 2. Cours royal. - Représente une certaine culture. - 3. Belle en son expression. - Du cuivre dans les écus. - 4. Cru ou qui y croit. Elle sont sur pieds mais ne marchent jamais. - 5. Voie chinoise. Elles doivent abandonner leur foie pour une fin d'année. - 6. Idéale pour la séance-fiction. - 7. Échanges de mots laids, jeux de mains ou de coups de pied. - 8. Sert au début, s'use à la fin. - Plus indolent que lui, il faut s'accrocher ! - Premier au centre de la Lune. - 9. Spécialiste en liaisons. - Une mise en coupe réglée. - 10. Il ne peut pas travailler sans être aussitôt mis à la porte. - Partie de cartes.

11. Qui ne tiennent pas debout. - 12. Un je à plusieurs. - Au début de la nuit. - Tue-tête en tête. - 13. Lacets de gestes mécaniques.- 14. Toujours dernière à la fin. - Hors-service militaire. - 15. A les plats nets en vue. - Cœur de rose. - 16. Bout de table. - Des éléments épars pille. - 17. Il sont naturellement à faire des tas. - 18. Il circule en Sibérie. - Tenue par l'accord ou par la corde. - Une note sortie d'un luth. 19. Ancien empire. - D'un goût pouvant n'inspirer que dégoût. - 20. La mère spirituelle du ribat. - Souvent associés à nouveaux.

Problème n° 95

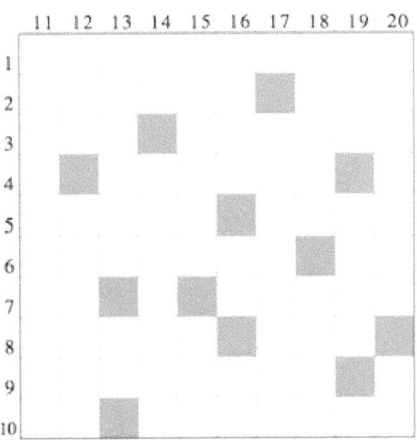

1. Qui peuvent être montés pour des cendres. - 2. L'échapper belle. Partie de couronne au pays des sirènes. - 3. Crêpe à l'orient. - Être en jets. - 4. Comme une mesure commune. - 5. Racine d'origine tupi. Lac d'Italie. - 6. Instrument à vent, encore aujourd'hui. - Indique la route. - 7. Les conteurs l'utilisent sans compter. - Petits gris. - 8. Pas mal d'un coup ou endolorie, du coup. - Avant le break, au tennis *(angl.)* - 9. Fixées sur le ressort ? - 10. Moitié de cent. - Qui ont raison gardé.

11. Il travaille avec le patron pour prendre des mesures. - 12. Plante des jachères qu'on peut avoir pour rien. - Elle hèle le passant en faisant les cent pas. - 13. Ils sont dits halos. - Papillon vert. - 14. Élément d'une histoire sans fin. - Susceptibles... de blesser. - 15. Portât la culotte ou la couronne. - Palindrome de saison. - 16. Un ennui qui n'est pas né de ce jour. - Morceau de tarte. - Vend dans le milieu. - 17. Les soldes leur donnent la fièvre acheteuse. - 18. Ils font le lit d'autres personnalités. Belge qui vient se jeter dans la Seine. - 19. Partie commune à la chaumière et la garçonnière. - Entre lacs irlandais. - 20. Donnons un tour de vis. - Le meilleur dans tous les cas.

Problème n° 96

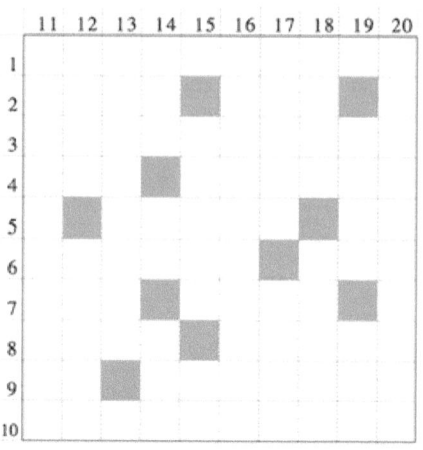

1. Maître chanteur à la cour du roi. - **2.** Le vide, ni plus ni moins. - Ils se font voir en dessous. - **3.** Ce sont des Picardes, en somme. - **4.** Recommandé pour un envoi « net ». - Quand il s'en mêlent, les démêlés ne sont pas bien loin. - **5.** D'abord sur le mouton, elle finit sur l'écheveau. - Un peu d'eau. - **6.** Nul besoin de la nommer pour la peler. - Rapport en bourse (sigle). - **7.** Le meilleur ami du cheval. Affection du cœur. - **8.** Vue de l'esprit. - Annonce une fin proche, un soulagement. - **9.** Bout de laine. - Ne trouvent pas la laine mauvaise. **10.** Feras des cendres du bois.

11. Des bons bonds en perspective ! - **12.** Amour pour toujours. - Abris côtiers entre deux pêches. - **13.** Pour la voir, il faut avoir le coup d'œil. - **14.** Elle fait toujours les gros titres. - Les quatre saisons. - La République ne s'attache pas à ses basques. - **15.** Elle fait les cheveux blancs. - Précieux en plein nord. - **16.** Chaîne haute fidélité. **17.** Bête à bois qui peut craindre les chiens. - En queue d'aronde. **18.** Sec ou plein d'os. - Supporter. - **19.** Partie d'Irlande. - Il collectionne les images. - **20.** Qui font fuir la peur.

Problème n° 97

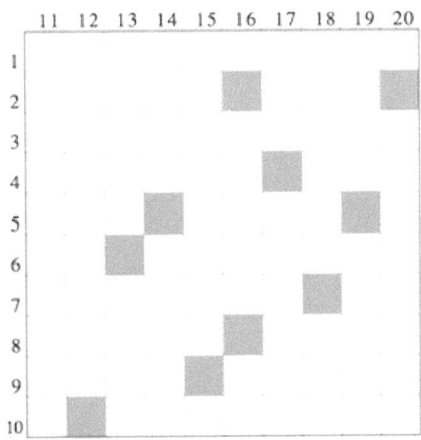

1. Son arc cible le ciel. - 2. Elle est forte en spores. - Poisson au bout de l'Atlantide. - 3. Qui s'écarte de l'uniforme. - 4. Se voit chez le pékin qui rit jaune. - Encourage le roi de l'arène. - 5. Si elle est des jachères, elle n'en est pas pour autant inaccessible. - Il s'émet pour les mets aimés. - 6. Mi-tant. - S'il va au théâtre, il n'en connaît pas l'éloge. - 7. Qui savent s'accrocher ! - Il permet bien des choses. - 8. Manière d'être. - Lettres de Russie, l'amère patrie, avant que son état n'empire. - 9. En faire précéder la majesté est un crime. - Peut être de toutes pièces. - 10. Qui a plus d'un tour dans son sac à malices.

11. Tels des esprits farceurs. - 12. Elle peut s'ajouter aux présentes. 13. Qui a pris un coup de froid. - Sorti de l'échiquier, elle manque au fou. - 14. Mot pour hameau. - Ils vivent de séances-fictions. - 15. Est tissus... de certains corps. - 16. Lieu de transformation. - C'est un curie ! - 17. Exhausteur de goût. - Qui va arriver ! - 18. Manière de mots dire. - Ce que beaucoup de vent a laissé derrière. - 19. Pas rêvé. En Corrèze. - 20. Apte à résister dans la surface de réparation.

Problème n° 98

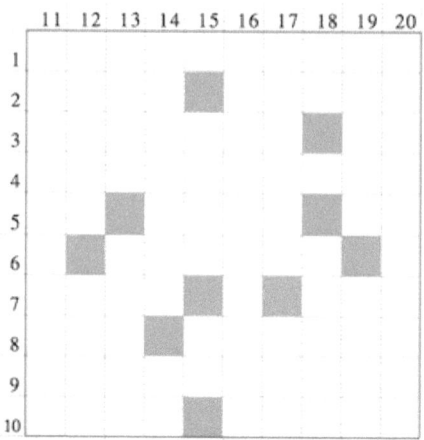

1. Où des hommes d'affaires changent la pierre en or. - **2.** Je royal. Fille à tata. - **3.** Une certaine absence. - Le meilleur dans le tas. - **4.** L'huis qui invite à franchir le pas l'est... - **5.** Demi-cent. - Faire de l'effet. - Un peu de métal dans le Titanic. - **6.** Fais comme l'oiseau... **7.** Suis au courant. - Morceau d'aluminium. - **8.** Spécialiste en jeux de cartes. - Juste milieu. - **9.** Dans l'énorme. - **10.** Pas crue. - Ira bien.

11. Question de choix ! - **12.** Se soumettre à la clôture est pour lui un commencement. - Un terme qui ne se rattache qu'à un nœud. - **13.** À la mode, mais pas chez nous *(angl.)*. - Elle sert à boire. - **14.** Tenterais le coup. - Réservé au début, assuré à la fin. - **15.** Un vêtement aéré qui donne l'air romain. - Qui m'appartient. - **16.** Révélations spontanées. - **17.** Entraîneur aux courses. - Le palindrome le plus proche. **18.** Le début d'une explication. - Précurseur du surréalisme. - **19.** Pas de côté. - Faire la sauce. - **20.** Remettra en état.

Problème nº 99

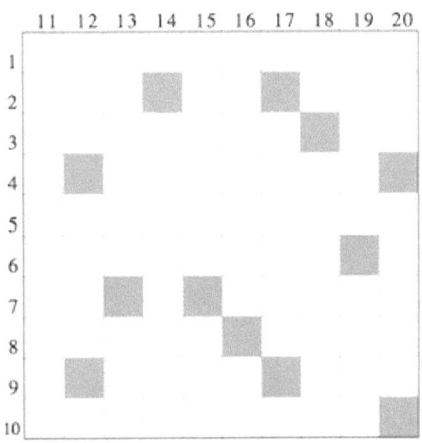

1. Elle donne le temps de se regarder dans la glace. - **2.** Marque d'ignorance. - Dans la gamme. - Sans effets, vraiment ? - **3.** Théâtre de chutes interminables. - Début de réponse. - **4.** Son cours est Loing. - **5.** Pour qui les droites finissent par se croiser. - **6.** Amenées au poste suite à un mandat. - **7.** Vous remplace dans l'intimité. S'asseoir dessus n'est pas sans fondement. - **8.** On peut la sentir aunée. - Elle mène sûrement à bon porc. - **9.** Commune de Charente-Maritime ou commun en Afrique. - Ces lettres prises à Louis sont un symbole royal. - **10.** Tenues de soirées.

11. Multiplication par division. - **12.** Tierce personne. - Ville basque. **13.** Faire le fort en faisant l'effort. - Qui n'a pas l'air détaché. - **14.** Elles viennent d'œufs par deux. - **15.** Dignité musulmane. - Un mot qui en dit long. - **16.** Vaisseau spécial. - Mot d'un bavard-roi. - **17.** Plantes à grands capitules jaunes. - **18.** Mode à l'ancienne. - Dore sur le feu. - **19.** Grande parmi les étoiles. - Existe maintenant ou passe après. - **20.** Sortie de l'œuf. - Annoncent le grain et menacent la récolte.

Problème n° 100

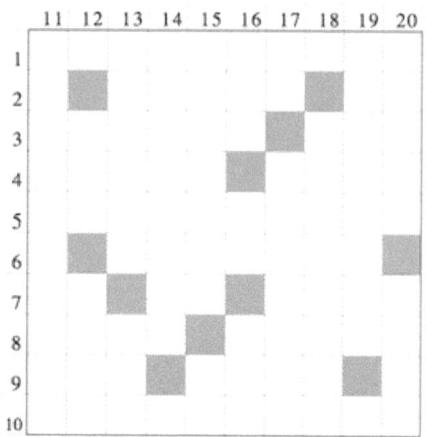

1. Qui laissent entrevoir un monde flou. - **2.** Poisson non comestible. Évoque une possibilité. - **3.** Une histoire d'eau. - Peut se voir en un clin d'œil. - **4.** Il fait se mettre à l'attache. - Elle fait sans doute autant de mâles heureux que marris, finalement ! - **5.** Peut briller tout en étant étain. - **6.** Muse de la Musique. - **7.** Roulé dans l'éteule. - Mise à droite. - Fait un tour. - **8.** Un cercle dans le sorbet. - Son *âge* fut celui de l'anxiété. - **9.** Conservateur de films. - Doublé pour aller plus vite. **10.** Elle donne une peau aride.

11. Un homme en campagne. - **12.** Pour le personnel navigant, le prendre c'est voler. - C'est en fin de compte le choix d'électeurs, qu'elle livre ! - **13.** Il tient la route, même sinueuse. - Il fait suivre les cours... ou les traverser. - **14.** Prête à exploser. - **15.** Femme d'affaires. - Il se fait toujours jeter au tapis, avant qu'on ne compte les points. - **16.** La satiété, en fin. - Règle à table. - Bras gauche du Rhin. **17.** Deux lettres pour l'Europe. - Une ligne sur la feuille. - **18.** Qui font planer. - **19.** Elle fait commerce avec des huiles. - **20.** Objet de certaines aspirations. - Met bout à bout.

Problème n° 101

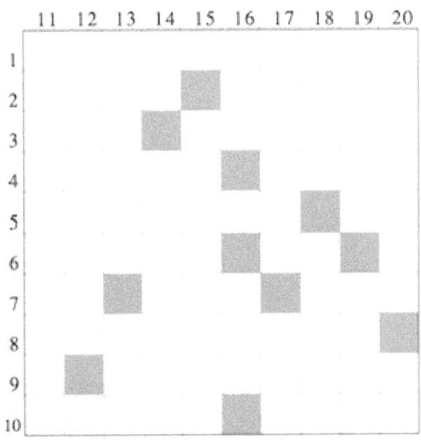

1. Elle s'habille de fruits ornementaux. - **2.** Il n'aime pas laisser les choses en l'état. - Réunions aux sommets. - **3.** Des airs dans le vent. L'heure des mets. - **4.** Petit génie. - Permit à l'Empereur de voir plus loin. - **5.** Prime d'ancienneté. - Un peu d'erbium dans un bout de fer. **6.** Venus. - La moitié de la nana. - **7.** Capitales pour l'Empereur. L'âne peut en avoir plein le dos. - Un des sens. - **8.** Trempent ou trompent l'œil. - **9.** Reconduiras à la chambre. - **10.** Des vedettes qui ont la cote. - Dans une expression incertaine...

11. Pour arriver à bon port, elles sont, à ce qu'on voit, transportées comme les marchands disent. - **12.** Autosatisfaction. - **13.** Gars du nord. - Gagnera ou se rendra. - **14.** Morceau d'orange. - Être en des rangements. - **15.** Qui pourraient bien être remis en sel. - **16.** Sur le même ton. - Élément de comparaison. - **17.** Vieux grec. - Son grain est essentiellement cantonné à des fins alimentaires. - **18.** Elle peut être considérée comme un vol. - Autant t'y fier ! - **19.** Sans intérêt. Abusas, à la fin ! - **20.** Gagne du terrain pour semer. - Raccourci pour stère.

Problème n° 102

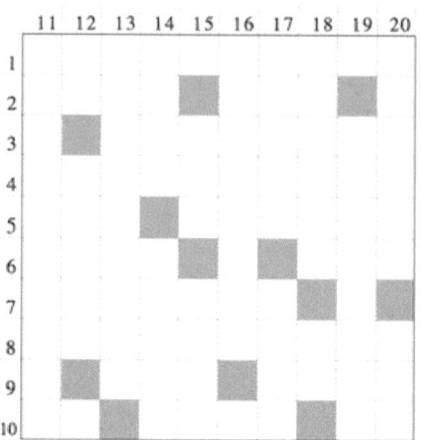

1. Il peut barboter mais n'est pas encore en âge libre. - **2.** C'est d'un goût, pour sur ! - Ça, c'est un homme ! - **3.** Il porta la croix jusqu'en Terre Sainte. - **4.** Ils ont la cote auprès des grimpeurs. - **5.** Dans son genre il a corde. - Qui revient à elle. - **6.** Plat dans les Alpes. - Lettres d'appel. - **7.** Évoque un culte plutôt fertile. - **8.** Que l'on peut louer mais sûrement pas acheter. - **9.** Quart d'an. - Elle prouve que le monde est foule... - **10.** Laissa à la fin. - Qui a atteint la majorité. - Est un... symbole.

11. En relation avec un conte de faits. - **12.** Une langue dans la poche. Qui n'est plus dans le vent. - **13.** Elle peut démanger après déjeuner. **14.** *Le Troisième Homme*, c'est lui ! - Elle peut être faite en brins par la mère. - **15.** Mettre d'une certaine façon. - Souvent premier dans les interrogations. - **16.** Mis dans le coup. - **17.** Prêt pour la monte. - Elle se met finalement en Seine. - **18.** Des bois qui finiront par être entés. Pas tout à fait sure, un peu sucrée, même. - **19.** Mises en eau. - **20.** Elles couchent le premier horizontal. - Pièce nippone.

Problème n° 103

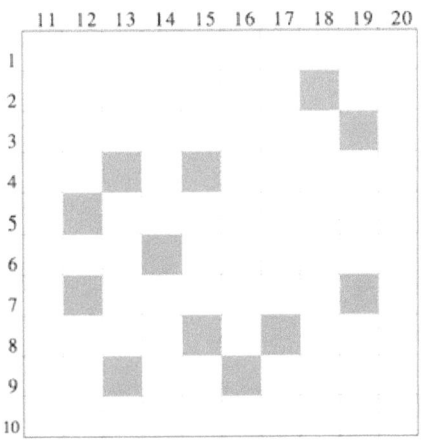

1. Qui, osant affronter ses vieux démons, émerveille. - **2.** Plante attachante. - Précède le déjeuner. - **3.** Robe portée sur les champs de courses. - **4.** Doublé pour un sein. - Faire trop donneur. - **5.** Foudroie dans l'arène. - **6.** Sert volant. - Une monnaie d'échange qui fait en ravir plus d'un. - **7.** Bécassine à la mer. - **8.** Met de l'eau dans son vin, un peu trop... - Appel dont le cervidé se sert. - **9.** Un mot pour toi. Fait mi-nain ou moitié femme. - Un arbre qui vient du mandingue. **10.** Qui se comportent en personnes de devoirs.

11. Brillent bien ors donnés. - **12.** Elle entre en Seine à Conflans-Sainte-Honorine. - C'est la fin de tout, surtout pour un boxeur ! - **13.** Ôta tout éclat. - Quand il est de jeunesse, c'est un trouble d'enfant apparent. - **14.** Il a un sens « faux nez tique ». - Remet sans attendre. **15.** Part sur le champ. - Le son sur l'aire du départ. - Un paresseux dans la main. - **16.** On y signa un crime d'une croix. - **17.** Tournai autour. - Un en désordre. - **18.** Elles supportent des livres, voire des kilos. - **19.** Évoque une possession. - Elle est commune aux Pays-Bas et au Nigeria. - Élément périodique. - **20.** Qui font bien attentions.

Problème n° 104

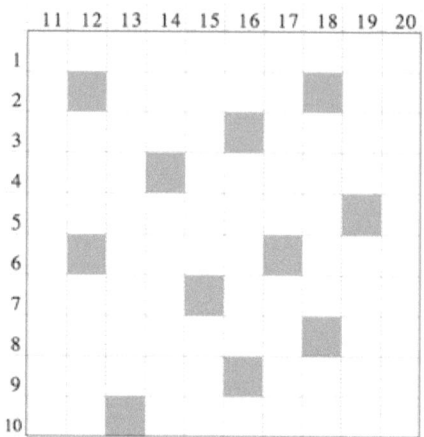

1. Partie d'une fugue. - 2. Passe la porte, dans un certain sens. - Un peu de cobalt. - 3. Sœur de mère. - Homme à femme. - 4. Pierre aussi nommé. - Affaire d'impression. - 5. Sortie de ce cours ? - 6. S'il n'y a pas dissolution pour qu'il vienne, c'est l'effondrement. - Qui s'entend bien. - 7. Qui peut faire des cendres. - Il exerça ses fonctions dans l'analyse. - 8. Aux caractères bien marqués. - Rassuré finalement. 9. Font quelques crochets à la boucherie. - Soleil d'Égypte. - 10. Termine la pause et commence le service. - Qui ne sont donc plus ?

11. Bouts d'un bout. - 12. Un nom de vin qu'on ne voit pas dans le marc. - Soit étendu. - 13. Inclinations pouvant faire toucher le fond. 14. Font à la fin. - Certifiée exacte. - 15. Quasi-désert. - Du côté de l'orient. - 16. Un peu d'iridium dans l'acier. - Donne l'air absent. - 17. De l'une à l'autre on peut tenir tête. - Mis hors-service. - 18. Le nôtre est aîné avant nous. - Il permet de tirer des plans. - 19. Il porte les couleurs sang et or. - Il pouvait avoir les Romains à ses pieds. - 20. Travaillèrent au noir.

Problème n° 105

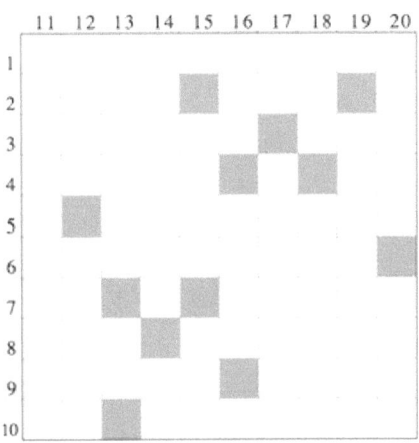

1. Petit passe-temps. - 2. Docteur faisant partie du corps enseignant. Même ancien, cet ornement ressemble à un œuf. - 3. Un bateau qui prend l'eau, à défaut de prendre la mer. - Un vieux loup qui fait l'unité en Roumanie. - 4. Elle peut être vieille sans être très âgée. - À moitié neuf. - 5. Elles font disparaître des lettres pourtant non compromettantes. - 6. À cause d'elle, le chien ne la boit pas... la tasse ! - 7. Une fin de congrès pour les spécialistes. - Ouverture d'esprit. - 8. Elle est couchée sur la couverture. - Peut avoir envie de mordre après avoir rongé son frein. - 9. Il incite à regarder derrière soi. - Qui évoque ce jardin voit délices. - 10. Demi-sels. - Dans lesquelles se mêle anis.

11. En un sens, ce sont des artistes-nez. - 12. Il peut supporter bien des choses. - Elle s'attache aux vieux arbres. - 13. Clous d'une expression. - Bien qu'au bout du feuillet, ce n'est pas la fin de l'histoire. 14. Soldats sans corps. - Des coups de baguettes pour donner là le son. - 15. Il donne une certaine vision des choses. - Un esprit qui fait se retourner Noé. - 16. Ne laisse pas sans gain celui qui a de la veine. Nies en vrac. - 17. Deux lettres pour le facteur. - Beaucoup de chaleur. - 18. Ça, c'est quelqu'un ! - Fille de la montagne. - 19. Victime d'une grosse chute. - 20. Personnes toutes désignées. - Une ville où « aller au charbon » a pris tout son sel.

Problème n° 106

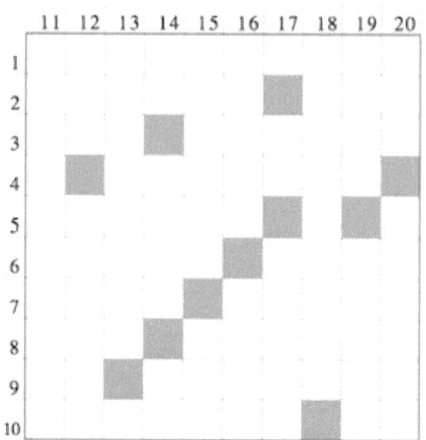

1. Prise de terre des végétaux. - **2.** D'un système « de vent » être poussé. - Elle met de bon poil. - **3.** Vallée dans l'Adriatique. - Ne touchait pas ! - **4.** Où l'on dit oui pour un nom. - **5.** Pleines d'idées... fixes. - **6.** Ils permettent parfois de ces veillées, avant de s'endormir ! On l'empoigne pour la course. - **7.** Prit goût, petit à petit. - Celui de la vague fait toucher le fond. - **8.** Ce sont toujours les autres. - Elle fait dire à Dieu. - **9.** On le fournit en tuyaux pour stopper leur course. Garder ou abandonner. - **10.** Qui fait l'objet du désir. - Tête de sagouin.

11. Qui incline à laisser aller, voire laisser râler. - **12.** Produit de nécessité, selon l'adage. - Pour copies qu'on forme ! - **13.** Bons tuyaux pour alcooliques, dis't-ils... - **14.** Empêcheur de tourner en rond. - Point commun entre le saint homme et le symptôme. - Morceau de tôle. - **15.** Propriété de campagne. - À moitié partie. - **16.** Prénom féminin. - Hausse le ton sur l'étal. - **17.** Signe de possession. Prend beaucoup de ris. - **18.** Vues de l'esprit. - **19.** Elle fait entendre là le son. - Acides et aigres, sans aucun doute. - **20.** Tel le produit immaculé d'une tâche. - Touchera un point sensible, même sans l'avoir visé.

Problème n° 107

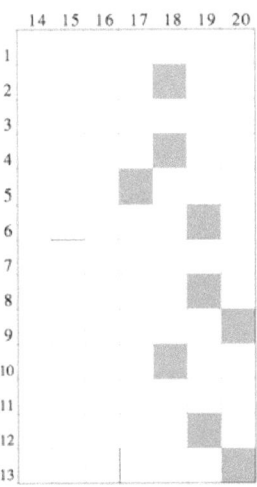

1. L'heure pile avant qu'elle ne s'efface. - **2.** Ses éclats ne blessent que les susceptibilités. - Utile au début et tout à la fin. - **3.** Faire mourir sur le cou... - **4.** Mille-pattes en colimaçon. - Note au deuxième degré. **5.** Dorée. - Comme le pinson, pour rire. - **6.** Déesse sémitique, c'est mythique. - **7.** S'échappait d'un corps. - **8.** Une partie de l'Atlas. - **9.** Séparateurs, dans une opération. - **10.** Mine brouillée. Brillant étalon. **11.** Le mal au féminin. - **12.** Vieux désaccord. - **13.** Espèce de somnifère.

14. Dans une longue énumération. - **15.** Jolies pierres assorties à la fête des mers. - **16.** Qui se rapporte à un job qui ne rapporte pas. - **17.** Fait prendre l'air. - N'ont pas retenu la leçon. - **18.** Elle a trait à l'attrait. - Placé. - **19.** Passera, en parlant temps. - Personnel réfléchi. **20.** Corps à corps. - Roue.

Solutions

Grille 1
1. Emprisonne. - 2. Marines. - 3. Pliai. - Cric. - 4. Triade. - 5. Inouï. Lien. - 6. Sonnailles. - 7. Net. - Al. - 8. Noisetiers. - 9. Nue. - Rue. 10. Errer. - Ergs. - 11. Empoisonne. - 12. Mal. - Nô. - Our. - 13. Prisonnier. - 14. Ria. - Unes. - 15. Initiateur. - 16. Se. - 17. Oscillaire. 18. Railleur. - 19. Idée. - Reg. - 20. Encensés.

Grille 2
1. Ondulation. - 2. Soutenance. - 3. Bistre. - 4. Il. - Éolie. - 5. Notion. Ers. - 6. Suas. - Nages. - 7. Tapera. - 8. Bribe. - Anet. - 9. Flou. - 10. Essentiels. - 11. Ostensible. - 12. Nô. - Ou. - 13. Dubitatifs. - 14. Utilisable. - 15. Lés. - Péon. - 16. Antenne. - Ut. - 17. Taro. - Ara. - 18. Inélégante. - 19. Oc. - Ire. - 20. Nécessites.

Grille 3
1. Veine. - C.A. - 2. Acte. - Renom. - 3. Croûton. - Nu. - 4. Aoûtements. - 5. Nu. - Broie. - 6. Césarienne. - 7. Il. - Liesses. - 8. Éloi. - En. - 9. Restreinte. - 10. Estées. - Set. - 11. Vacancière. - 12. Écrouelles. - 13. Itou. - Ost. - 14. Neutralité. - 15. Té. - Ri. - Ré. (Rê). 16. Rombières. - 17. Vénérés. - 18. Non-sens. - 19. Continente. - 20. Amusées. - Et.

Grille 4
1. Anthologie. - 2. Oie. - Et. - Dû. - 3. Surrénales. - 4. Cramoisies. - 5. Orient. - Ose. - 6. Tilt. - Ion. - 7. Clinfocs. - 8. Aies. - Eus. - 9. Meute. Iasi. - 10. Irrésolues. - 11. Scot. - Ami. - 12. Nourricier. - 13. Tirailleur. - 14. Hermétiste. - 15. Éon. - Es. - 16. Lénitifs. - 17. Ôtas. Oô. - Il. - 18. Lionceau. - 19. Idées. - Suse. - 20. Eusses. - Sis.

Grille 5
1. Maintenant. - 2. Accoutumée. - 3. Réabsorber. - 4. Tri. - Isis. - 5. Poil. - Lev. - 6. Énéide. - Are. - 7. Iéna. - Milet. - 8. Niveleur. - 9. Eger. - Nenni. - 10. Rasent. - Tin. - 11. Mar (Mar del Plata). - Peiner. 12. Acétone. - Ga. - 13. Icariennes. - 14. Nobiliaire. - 15. Tus. - 16. Étoilement. - 17. Nurse. - Île. - 18. Ambivalent. - 19. Nées. - Réuni. 20. Ter. - Pétrin.

Grille 6
1. Courtisane. - 2. Actualités. - 3. Proéminent. - 4. Sep. - Élie. - 5. Irradier. - 6. Suivies. - 7. Aumônier. - 8. Grelin. - Spa. - 9. En. - Zées. Un. - 10. Sec. - Reître. - 11. Capsulages. - 12. Ocre. - Urne. - 13. Utopisme. - 14. Rue. - Ruolz. - 15. Tamarinier. - 16. Ili. - Avinée. - 17. Sine die. - Si. - 18. Ateliers. - 19. Nénies. - Pur. - 20. Ester. - Cane.

Grille 7
1. Sansonnets. - 2. Oui. - Rein. - 3. Détentes. - 4. Sasse. - Ait. - 5. Tl (thallium). - Pisseur. - 6. Ravale. - R.D.A. - 7. Arac. - R.P. - Im. - 8. Immédiates. - 9. Tape. - Épine. - 10. Sis. - Géants. - 11. Soustraits. 12. Au. - Alarmai. - 13. Nids. - Vamps. - 14. Espacée. - 15. Orteil. - 16. Née. - Sériée. - 17. Ninas. - Papa. - 18. Entier. - Tin. - 19. Étudient. - 20. Sus. - Ramsès.

Grille 8
1. Réécriture. - 2. Ès. - Laser. - 3. Votée. - Ci. - 4. Étrésillon. - 5. Leurs. - Lime. - 6. Are. - Éla. - 7. Tilt. - Ad hoc. - 8. Islandaise. - 9. Oméga. - Néel. - 10. Nés. - Titrée. - 11. Révélation. - 12. Ésotérisme. 13. Truelles. - 14. Créer. - Tag. - 15. Esse. - Nat. - 16. Il. - Lad. - 17. Tailladant. - 18. Us. - Li. - Hier. - 19. Recomposée. - 20. Érine. - Celé.

Grille 9

1. Orangeraie. - 2. Rayonnes. - 3. Do. - Love. - Nu. - 4. Incise. - Pic. 5. Astral. - 6. Atteignant. - 7. Toi. - Quêter. - 8. En. - Ours. - Aï. - 9. Un. - Bée. - Onc. - 10. Ravissante. - 11. Ordinateur. - 12. Raon. Tonna. - 13. Ay. - Cati. - 14. Nolise. - Obi. - 15. Gnostiques. - 16. Envergures. - 17. Rée. - Ânes. - 18. As. - Plat. - On. - 19. Ni. - Néant. 20. Éducatrice.

Grille 10

1. Grenouille. - 2. Là. - Scier. - 3. Amodiateur. - 4. Danubien. - 5. Is. Lé. - Sn. - 6. Assermenté. - 7. Tee. - Io. - Ire. - 8. Eu. - Dé. - Ali. - 9. Ustensiles. - 10. Réassurées. - 11. Gladiateur. - 12. Ramasseuse. - 13. On. - Se. - Ta. - 14. Nodule. - Dés. - 15. Ibériens. - 16. Usai. - Mo. - Su. - 17. Ictère. - Air. - 18. Lien. - Nille. - 19. Leu. - Striée. - 20. Erronée. - SS.

Grille 11

1. Indicatifs. - 2. Rééligible. - 3. Irritation. - 4. Dîner. - Odra. - 5. Inox. - Et. - 6. Lee. - Acné. - 7. Ocrent. - Écu. - 8. Grenailler. - 9. Ios. Drue. - 10. Eu. - Désirs. - 11. Iridologie. - 12. Néri. - Écrou. - 13. Dernières. - 14. Ilien. - En. - 15. Citronnade. - 16. Aga. - Tirs. - 17. Tito. - Lui. - 18. Ibid. - Celer. - 19. Florence. - 20. Sénateurs.

Grille 12

1. Corporelle. - 2. Aberration. - 3. Plaignante. - 4. Ti. - Mac. - 5. Iguanodon. - 6. Va. - Tin. - Toi. - 7. Attis. - Airs. - 8. Ni. - Athlète. - 9. Toile. - Brou. - 10. En - Escient. - 11. Captivante. - 12. Obligation. 13. Réa. - 14. Primatiale. - 15. Organistes. - 16. Rançon. - 17. Êta/ E.T.A. - Albi. - 18. Lingotière. - 19. Lot. - Norton. - 20. Énée. - Iseut.

Grille 13

1. Chercheuse. - 2. Auge. - Ac (actinium). Un. - 3. Smalt. - Ave. - 4. Ciliaire. - 5. Adéquation. - 6. Ti. - Lie. - 7. Effaçables. - 8. Li. - Toréé. 9. Leu. - Ut. - Été. - 10. Essoreuses. - 11. Cascatelle. - 12. Humidifiés. 13. Égale. - Us. - 14. Reliquat. - 15. Tau. - Cour. - 16. Ha. - Iaxarte. 17. Écart. - Be. - 18. Veillées. - 19. Sue. - Oie. - Té. - 20. En. - Ânesses.

Grille 14

1. Somnolence. - 2. Aliénation. - 3. Mil. - Couvis. - 4. Avent. - Déni. 5. Rê. - Ou. - Ir. - 6. Itinérante. - 7. Tao. - Nais. - 8. Aï. - Isatis. - 9. Inules. - Soc. - 10. Net. - Sélène. - 11. Samaritain. - 12. Olivétaine. 13. Mile. - Io. - Ut. - 14. Ne. - Non. - Il. - 15. Onctueuses. - 16. Lao. Ase. - 17. Étudiant. - 18. Nivernaise. - 19. Coin. - Tison. - 20. Ensilés. - Ce.

Grille 15

1. Individuel. - 2. Maur. - Oô. - Ni. - 3. Proie. - Téra. - 4. Ridant. Ben. - 5. Énervement. - 6. Sectionné. - 7. Asie. - Ire. - 8. Ibis. - 9. Inaccentué. - 10. Oïl. - Isoète. - 11. Imprésario. - 12. Narines. - Ni. 13. Duodécimal. - 14. Iriarte. - 15. Envi. - Ici. - 16. Io. - Téorbes. - 17. Dot. - Mn. - Ino. - 18. Ébéniste. - 19. Enrêner. - Ut. - 20. Liant. Épée.

Grille 16

1. Luminosité. - 2. Érines. - Nés. - 3. Girouettes. - 4. Offrir. - 5. Naïfs. Tory. - 6. Dite. - Arrée. - 7. Agencées. - 8. Îles. - Ruées. - 9. Résines. Té. - 10. Ès - Furetés. - 11. Légendaire. - 12. Uri. - Aigles. - 13. Miroitées. - 14. Inoffensif. - 15. Neufs. - Nu. - 16. Oser. - Aérer. - 17. Titreuse. - 18. Introrse. - 19. Tee. - Ré. - Été. - 20. Essayeuses.

Grille 17

1. Séparation. - 2. Éclairante. - 3. Nue. - Paroi. - 4. Usé. - Ante. - 5. Interludes. - 6. Mari. - Oda. - 7. Empiéter. - 8. Néréis. - Ili. - 9. Tri. Goût. - 10. Érogènes. - 11. Sentiments. - 12. Écu. - Na. - Er. - 13. Pleutrerie. - 14. Aa. - Seime. - 15. Riper. - Pipo. - 16. Ara. - Lois. - 17. Taraude. - Gê. - 18. Inondation. - 19. Otite. - Élue. - 20. Né. - Esprits.

Grille 18

1. Ménagement. - 2. Éponymes. - 3. Si. - Entra. - 4. Strette. - Aï. - 5. Ahuri. - Érin. - 6. Gésier. - U.S.A./Usa. - 7. Et. - Éros. - Os. - 8. Réductions. - 9. Orée. - Une. - 10. Sale. - Scier. - 11. Messagères. - 12. Épithète. - 13. Nô. - Rus. - Dol. - 14. Antérieure. - 15. Gy. - Tiercé. - 16. Émet. - Rotes. - 17. Menée. - Si. - 18. Est. - Ru. - Oui. 19. Raisonne. - 20. Traînasser.

Grille 19

1. Mécontents. - 2. On. - Roux. - Ha. - 3. Aar. - Plan. - 4. Effleurais. 5. Fennec. - 6. Âmes. - Is. - Fe. - 7. Tac. - Destin. - 8. Entai. - Iule. - 9. Unicolore. - 10. Références. - 11. Modérateur. - 12. En. - Manne. 13. Affectif. - 14. Orales. - Ace. - 15. Norén. - Dior. - 16. Tu. - Unie. Le. - 17. Expression. - 18. Lac. - Turc. - 19. Thaï. - Filée. - 20. Sans-gêne.

Grille 20

1. Manœuvres. - 2. Alors. - Indo. - 3. Tomates. - Oc. - 4. Us. - Cédai. 5 . Réal. - Iglou. - 6. Rentière. - 7. Tassais. - Et. - 8. En. - Cotent. - 9. Tourneuse. - 10. Ressassées. - 11. Maturité. - 12. Alose. - Ante. - 13. Nom. - Ars. - Os. - 14. Oracles. - Us. - 15. Este. - Nacra. - 16. Éditions. - 17. Visagistes. - 18. R.N. - Île. - Eue. - 19. Edo. - Orense. 20. Socquettes.

Grille 21

1. Généalogie. - 2. Ruisselant. - 3. Ères. - Vilar. - 4. Locative. - 5. Opérateurs. - 6. Test. - Asse. - 7. Te. - Est. - Ems. - 8. Ânes. - Issue. 9. Ino. - Sou. - Et. - 10. Tendineuse. - 11. Grelottait. - 12. Européenne. - 13. Nièces. - Éon. - 14. Essartés. - 15. As. - Ta. - Si. 16. Lévitation. - 17. Olives. - Sue. - 18. Galeuses. - 19. I.N.A. - Remués. - 20. Êtres. - Sète.

Grille 22

1. Capricorne. - 2. Aune. - Ain. - 3. Éclectique. - 4. Voulu. - Nuer. - 5. A.L. (année-lumière). - Liège. - 6. Logettes. - 7. Ira. - Sir. - S.M. - 8. Éire. - Rêvée. - 9. Réduve. - Inn. - 10. Ère. - Usinée. - 11. Chevalière. 12. Colorier. - 13. Palu. - Garde. - 14. Ruelle. - Eu. - 15. Incuits. - Vu. 16. Cet. - Étirés. - 17. Ingéré. - 18. Raqués. - Vin. - 19. Niue. - Séné. 20. Énergumène.

Grille 23

1. Aber. - Agape. - 2. Facétie. - Or. - 3. Irréalisés. - 4. Coi. - Ligote. 5. Innocentés. - 6. On. - Rets. - 7. Natte. - Mise. - 8. Agar. - Weser. 9. Décagone. - 10. T'ien-tsin. - 11. Aficionado. - 12. Baronnage. - 13. Écrin. - Tact. - 14. Rée. - Outrai. - 15. Talc. - Gê. - 16. Ailier. - Won. 17. Geignement. - 18. Sottises. - 19. Poétesse. - 20. Erses. - Érin.

Grille 24

1. Fricoteuse. - 2. Euro. - Nid. - 3. Virtuosité. - 4. Énervée. - En. - 5. Égéennes. - 6. Peu. - Iéna. - 7. Lit. - Eure. - 8. Opinels. - If. - 9. Suer. Uri. - 10. Étrivières. - 11. Fève. - Prose. - 12. Ruinée. - Put. - 13. Irrégulier. - 14. Cotre. - I.N.R.I. - 15. Uvéite. - 16. Troène. - Loi. - 17. Sennes. - 18. Uni. - Eau. - Ur. - 19. Sites. - Rire. - 20. Éden. - Défis.

Grille 25

1. Complainte. - 2. Usure. - Part. - 3. Risette. - I.e. - 4. Vé. - Var. - An. - 5. Irréligion. - 6. Animisme. - 7. Éclatée. - Et. - 8. Trenet. - Pst. - 9. Ri. - Roi. - 10. Écrémeuses. - 11. Curvimètre. - 12. Osier. - Cric. - 13. Mus. - Râle. - 14. Prévenance. - 15. Létalité. - 16. Trimètre. - 17. Ipé. G.I.E. - Ou. - 18. Na. - Ais. - Pis. - 19. Trinômes. - 20. Été. - Nettes.

Grille 26

1. Calculette. - 2. Oral. - Ara. - 3. Quiescence. - 4. Usé. - Ut. - Ils. - 5. Ipso facto. - 6. Ni. - Rite. - W.C. - 7. Écho. - Irone. - 8. Réunions. - 9. Atonales. - 10. Épiés. - Soue. - 11. Coquinerie. - 12. Aruspice. - 13. Laies. - Huai. - 14. Clé. - Oronte. - 15. Sûfi (soufi). - Ios. - 16. Lactation. - 17. Ère. - Cernas. - 18. Tanit. - Oslo. - 19. Clown. - Eu. 20. Êtes. - Cesse.

Grille 27

1. Admirateur. - 2. Paysage. - Ra. - 3. Insécables. - 4. Toisée. - 5. Uni. Assure. - 6. Locales. - Er. - 7. Tuile. - Arme. - 8. Esse. - Ain. - 9. Mauvaise. - 10. Réessayées. - 11. Apiculteur. - 12. Dan. - Nous. - 13. Mysticisme. - 14. Iseo. - Aléas. - 15. Raciale. - Us. - 16. Agasse. T.V.A. - 17. Tébessa. - Ay. - 18. Leu. - Raie. - 19. Ure. - Remise. - 20. Rassérénés.

Grille 28

1. Moderniser. - 2. Aposiopèse. - 3. Ail. - Ameute. - 4. Snob. - Lad. - 5. Timides. - Mi. - 6. Raisonnait. - 7. Ite. - Ut. - Une. - 8. Cr. - Ar (argon). - Ôtée. - 9. Héliostats. - 10. Tsar. - Cens. - 11. Maastricht. 12. Opiniâtres. - 13. Dolomie. - Là. - 14. Ès. - Bis. - Air. - 15. Ria. Douro. - 16. Nomment. - Sc (scandium). - 17. Ipé. - Sn (étain). - Ôté. 18. Seul. - Autan. - 19. Estaminets. - 20. Rééditées.

Grille 29

1. Colmateras. - 2. Aboutement. - 3. Nitrate. - G.R. - 4. Tes. - Vérole. 5. Ir. - Lièvres. - 6. Ais. - S.S. - 7. Ios. - Main. - 8. Espiègles. - 9. Rein. - Aloès. - 10. Courante. - 11. Cantinière. - 12. Obier. - Ose. - 13. Lots. - Aspic. - 14. Mur. - Li. - Ino. - 15. Atavisme. - 16. Tétée. - Agar. 17. Émerveilla. - 18. Rê. - Or. - Néon. - 19. Angles. - Set. - 20. Stressé. - Se.

Grille 30

1. Évocatrice. - 2. Citation. - 3. Orichalque. - 4. Nota. - Reuss. - 5. Oléorésine. - 6. Me. - Tus. - Lé. - 7. Isaïe. - Pied. - 8. Centon. - 9. Tourtereau. - 10. Éole. - Cesse. - 11. Économiste. - 12. Viroles. - Oô. 13. Otite. - Acul. - 14. Cacaotière. - 15. Ath. - Ruent. - 16. Tiares. Tec. - 17. Rôles. - Pore. - 18. Inquilines. - 19. Usnée. - As. - 20. Émèse. - Drue.

Grille 31

1. Zéro. - Morse. - 2. Inondation. - 3. Guidera. - Ut. - 4. Oc. - Épisode. - 5. Ulémas. - Pat. - 6. Ieper. - Mine. - 7. Lestement. - 8. Oréade. - 9. Elme. - Gones. - 10. Ru. - Spectre. - 11. Zigouiller. - 12. Énucléé. - Lu. - 13. Roi. - Epsom. - 14. Ondemètres. - 15. Déparée. 16. Maris. - Mage. - 17. Ôtas. - Médoc. - 18. Ri. - Opinent. - 19. Soudant. - Er. - 20. Entête. - Tsé.

Grille 32

1. Hémorragie. - 2. Are. - Nier. - 3. Passion. - Na. - 4. Nus. - Tiédit. 5. Otages. - Iso. - 6. Toc. - Rênes. - 7. Irréalisée. - 8. Sieste. - Tic. - 9. Été. - Iule. - 10. Ses. - Frères. - 11. Hypnotisés. - 12. Autorité. - 13. Massacrées. - 14. Ors. - Ès. - 15. Réitératif. - 16. Oiseleur. - 17. Anne. Ni. - Lé. - 18. G.I. - Diester. - 19. Ienisseï. - 20. Érato. - Écus.

Grille 33

1. Abreuvoirs. - 2. Fo/F.O. - Propret. - 3. Froissart. - 4. Réuni. - Lira. 5. Séduites. - 6. Natte. - Sais. - 7. Crêt. - Le. - Ni. - 8. Ha. - Émirats. 9. Ibo. - I.e. *(id est)*. - Net. - 10. Sécheresse. - 11. Affranchis. - 12. Bore. - Arabe. - 13. Ouste. - Oc. - 14. Épinette. - 15. Ursidé. - Mie. 16. Vos. - Lier. - 17. Opaliser. - 18. Irrita. - Ans. - 19. Rétreintes. - 20. St. - Assiste.

Grille 34

1. Bâillement. - 2. Apriorique. - 3. Réa. - Unau. - 4. Brièvement. - 5. Oc. - Tés/set. - Saï. - 6. Uélé. - Têt. - 7. Ivens. - Prie. - 8. Londonien. 9. Lit. - Déesse. - 10. Érodées. - Ut. - 11. Barbouille. - 12. Apercevoir. 13. Irai. - Lento. - 14. Li. - Étend. - 15. Louve. - Sodé. - 16. Ernest. Née. - 17. Miam. - Épiés. - 18. Équestres. - 19. Nu. - Na. - Insu - 20. Tectite. - Et.

Grille 35

1. Quotidiens. - 2. Unie. - Isle. - 3. Ais. - Assura. - 4. Dresseuses. - 5. Liste. - In. - 6. Allait. - Psi. - 7. Emmêla. - 8. Uns. - Isar. - 9. Ré. Altesse. - 10. Effleurées. - 11. Quadrature. - 12. Unir. - Nef. - 13. Oiselles. - 14. Te. - Siam. - Al. - 15. Assimilé. - 16. Disette. - Tu. - 17. Issue. - Lier. - 18. Élus. - Passe. - 19. Néréis. - Ase. - 20. Asnières.

Grille 36

1. Célibat. - Ob. - 2. Aromatique. - 3. Néfaste. - Il. - 4. Égards. - 5. Égrenaient. - 6. Là. - Receper. - 7. Arc. - Et. - Ave. - 8. Brassières. - 9. Rosé/rose. - Oser. - 10. Étalon. - Est. - 11. Candélabre. - 12. Ère. Garrot. - 13. Lofer. - Casa. - 14. Imager. - Sel (les). - 15. Basanées. 16. Attraction. - 17. Tiédie. - Ès. - 18. Séparée. - 19. Oui. - Nevers. 20. Bélîtres.

Grille 37

1. Trouvaille. - 2. Août́é. - Nues. - 3. Quiétude. - 4. User. - Rétro. - 5. Issues. - Toi. - 6. Ne. - Stupeur. - 7. Est. - Ale. - As. - 8. Artisan. - 9. Iule. - Naine. - 10. Encagé. - Leu. - 11. Taquinerie. - 12. Rousses. - Un. - 13. Ouïes. - Talc. - 14. Utérus. - Réa. - 15. Vêt. - État. - 16. Ursuline. - 17. Inde. - Pesa. - 18. Luette. - Ail. - 19. Le. - Rouanne. 20. Espoirs. - Eu.

Grille 38

1. Bistouille. - 2. An. - Russe. - 3. Isba. - Ieper. - 4. Le. - Métrite. - 5. Limogeas. - 6. Ozone. - Noce. - 7. Nettes. - Sou. - 8. Ta. - Antes. - 9. Évents. - Eue. - 10. Rusée. - Vers. - 11. Bâillonner. - 12. In-seize. - Vu. - 13. Mottes. - 14. Tramontane. - 15. Ou. - Égée. - Té. - 16. Usité. Sas. - 17. Iseran. - 18. Lépisostée. - 19. Et. - Cœur. - 20. Égreneuses.

Grille 39

1. Fiduciaire. - 2. Aran. - Gît. - 3. Caustique. - 4. Subséquent. - 5. Ite. Gué. - Sa. - 6. Mo (Molybdène). - Coite. - 7. Importeras. - 8. La. Pieu. - Né. - 9. Étêté. - Suée. - 10. Sénescents. - 11. Fac-similés. - 12. Automate. - 13. Daube. - En. - 14. URSS. - Copte. - 15. Catégories. 16. Iniquité. - 17. Quêteuse. - 18. Igue. - Er (Erbium). - Un. - 19. Riens. - Anet. - 20. Et. - Tassées.

Grille 40

1. Prébendes. - 2. Races. - Item. - 3. Airs. - Secte. - 4. Idiomes. - In. 5. Rivières. - 6. Ilang-ilang. - 7. Élisée. - Lee. - 8. On - Revoir. - 9. An. - Mésange. - 10. Assis. - Usés. - 11. Prairie. - Aa. - 12. Raidillons. 13. Écrivain. - 14. Besoins. - Mi. - 15. Ès. - Mégères. - 16. Sériées. 17. Diesel. - Vau. - 18. Etc. - Salons. - 19. Séti. - Neige. - 20. Ménagères.

Grille 41

1. Tranchoirs. - **2.** Rameau. - Loi. - **3.** Émissives. - **4.** Soc. - Élites. - **5.** Onagres. - Lu. - **6.** Râle. - Régir. - **7.** Égérie. - Rée. - **8.** Ré. - Concert. **9.** Gantelet. - **10.** Éléis. - Pesé. - **11.** Trésorerie. - **12.** Ramonage. - **13.** Amicale. - Gé. - **14.** Nés. - Gerçai. - **15.** Caser. - Ions. - **16.** Huilèrent. **17.** Vise. - Cep. - **18.** Îlet. - Grêle. - **19.** Roselières. - **20.** Si. - Surette.

Grille 42

1. Pissenlits. - **2.** Loterie. - Ra. - **3.** Anise. - Gain. - **4.** Ma. - Médoc. - **5.** Écumoire. - **6.** Malentendu. - **7.** Ère. - Tôt. - Râ. - **8.** Niée. - Semai. **9.** Testée. - Air. - **10.** Se. - Essonne. - **11.** Placements. - **12.** Ion. Cariée. - **13.** Stimulées. - **14.** Sésame. - Été. - **15.** Ère. - Ont. - Ès. - **16.** Ni. - Mitoses. - **17.** Légèreté. - **18.** Aden. - Man. - **19.** Trio. - Drain. **20.** Sanctuaire.

Grille 43

1. Gibelottes. - **2.** Osé. - Obéira. - **3.** Ubiquistes. - **4.** Vague. - Toi. - **5.** Neuve. - N.B. - **6.** Rieuse. - Ôté. - **7.** Na. - Tendres. - **8.** Amnésie. - Ra. - **9.** Ibis. - Sumac. - **10.** Les. - Hexose. - **11.** Gouvernail. - **12.** Isba. Iambe. - **13.** Beigne. - Nis. - **14.** Queutes. - **15.** Loueuses. - **16.** Obi. Venise. - **17.** Testé. - Deux. - **18.** Tito. - Or. - Mo. - **19.** Éreinteras. **20.** Sas.- Besace.

Grille 44

1. Montmartre. - **2.** Are. - Ite. - Io. - **3.** Taffetas. - **4.** Et. - Olé. - Ire. - **5.** Rouillure. - **6.** Nitrées. - T.V. - **7** Ir. - Eurasie. - **8.** Tenus. - Sien. - **9.** Oses. - Ont. - **10.** Sénescente. - **11.** Maternités. - **12.** Oratoire. - **13.** Nef. - Ut. - Non. - **14.** Foireuse. - **15.** Mielleuses. - **16.** Atteler. - Sc. **17.** Réa. - Usas. - **18.** Sir. - Sion. - **19.** Ri. - Retient. - **20.** Éole. - Vente.

Grille 45

1. Rédactrice. - 2. Étagère. - Ut. - 3. Crin. - Ogive. - 4. Oiseau. - Net. 5. Me. - Ameutée. - 6. Prouesse. - 7. Erse. - 8. Notarié. - On. - 9. Surgissait. - 10. Araire. - Ars. - 11. Récompensa. - 12. Étrier. - Our. 13. Dais. - Outra. - 14. Agneau. - Agi. - 15. Ce. - Amerrir. - 16. Troués. - Ise. - 17. Reg. - Usées. - 18. Inter. - Aa. - 19. Cuvée. - Soir. 20. Étêtements.

Grille 46

1. Tartelette. - 2. Inuit. - Tael. - 3. Nageuse. - Li. - 4. Idioties. - 5. Anse. - Nonce. - 6. Mission. - 7. Ave. - Arsine. - 8. Renflé. - Ber. - 9. Ratât. - Cime. - 10. Eu. - Tamisas. - 11. Tintamarre. - 12. Ana. Niveau. - 13. Rugissent. - 14. Tièdes. - Fat. - 15. Étui. - Ialta. - 16. Sonore. - 17. Étêtons. - Ci. - 18. Ta. - In. - Ibis. - 19. Télécinéma. - 20. Élise. - Ères.

Grille 47

1. Répertorié. - 2. Amener. - Éon. - 3. Vinicole. - 4. Artère. - Mur. - 5. Émincera. - 6. Ès. - Émeute. - 7. Mer. - Item. - 8. Innove. - 9. Nao. Abruti. - 10. Tamisières. - 11. Ravalement. - 12. Émir. - Se. - Aa. - 13. Pente. - Riom. - 14. Énième. - 15. Récriminas. - 16. Troène. - Obi. 17. Cuivre. - 18. Réémetteur. - 19. Io. - Urée. - Te. - 20. Entra. - Mais.

Grille 48

1. Pétrolière. - 2. Âpreté. - U.H.T. - 3. Ria. - Avarie. - 4. Méritant. - 5. Inédites. - 6. Irréalisé. - 7. Ça. - Essieu. - 8. Lied. - Énée. - 9. Assoler. Dû. - 10. Ne. - Nausées. - 11. Parmi. - Clan. - 12. Épi. - Niaise. - 13. Tramer. - Ès. - 14. Ré. - Édredon. - 15. Otaries. - Là. - 16. Lévitas. Eu. - 17. Ateliers. - 18. Eurasien. - 19. Rhin. - Suédé. - 20. Étêtée. Eus.

Grille 49

1. Costumiers. - 2. Aria. - Iodée. - 3. Rentes. - Etc. - 4. Régimes. - 5. Élancées. - 6. La. - Literie. - 7. Ergol. - Penn. - 8. Rein. - St. - Te. - 9. Ne. - Lori. - 10. Sentinelle. - 11. Carreler. - 12. Orée. - Arène. - 13. Singe. - Gien. - 14. Tatillon. - 15. Émail. - Li. - 16. Misent. - Son. - 17. Io. - Sceptre. - 18. Ede. - Ère. - Il. - 19. Rétreint. - 20. Sec. - Sénevé.

Grille 50

1. Xénophilie. - 2. Yser. - Isard. - 3. Loutres. - Aï. - 4. Epte. - Ruent. 5. Méritas. - Io. - 6. Îlot. - Mer. - 7. Sen. - Rimini. - 8. Topique. - 9. Insinue. - Il. - 10. Fa. - Fœtale. - 11. Xylèmes. - If. - 12. Ésope. - Etna. 13. Neutrinos. - 14. Orteil. - Pif. - 15. Torino. - 16. Hiératique. - 17. Issus. - Muet. - 18. Là. - Mie. - 19. Iranien. - Il. - 20. Éditoriale.

Grille 51

1. Cercles. - Fa. - 2. Âme. - Étiers. - 3. Naissances. - 4. Tintamarre. 5. Ale. - Sapées. - 6. Sa. - Gît. - 7. Rb. - Préside. - 8. Irone. - Mo. - 9. Coué. - Tenir. - 10. Écrevisses. - 11. Cantatrice. - 12. Émail. - Broc. 13. Reines. - Our. - 14. St. - Apnée. - 15. Lésas. - Ré. - 16. Étamage. Ti. - 17. Sinapismes. - 18. Écrêtions. - 19. Frère. - I.e. (id est) - 20. Assesseurs.

Grille 52

1. Croître. - Tm. - 2. Harpie. - Eau. - 3. Et. - Étendus. - 4. Voici. Aune. - 5. Antalgique. - 6. Usa. - Lotus. - 7. Lierre. - 8. Haïr. - Gerbe. 9. Éléate. - Ais. - 10. Sen. - Assise. - 11. Chevauches. - 12. Ratons. Ale. - 13. Or. - Italien. - 14. Ipéca. - Ira. - 15. Titille. - Ta. - 16. Rée. Gorges. - 17. Naître. - 18. Éduquerai. - 19. Taunus. - Bis. - 20. Musée. - Pèse.

Grille 53

1. Pèlerinage. - 2. Amabilités. - 3. Tourelles. - 4. Rurale. - Lie. - 5. Îles. - Gains. - 6. Aune. - Idées. - 7. Retentir. - 8. Is. - I.e. *(id est)* - G.R. - 9. Hué. - Amurée. - 10. Ennuyé. - Ale. - 11. Patriarche. - 12. Émoulue. - Un. - 13. Laurentien. - 14. Ébrasées. - 15. Riel. - Ay. - 16. Illégitime. - 17. Nil. - Adieu. - 18. Atelier. - Ra. - 19. Gésine. - Gel. 20. Ès. - Essorée.

Grille 54

1. Surexcitée. - 2. Érode. - Vils. - 3. Ramènerais. - 4. Ana. - Omerta. 5. Canine. - 6. Tir. - Rosat. - 7. Désolai. - Me. - 8. Ti. - Usai. - 9. Présidions. - 10. Anse. - Effet. - 11. Sérac. - Dupa. - 12. Uranate. R.N. - 13. Romanistes. - 14. Ede. - Iroise. - 15. Xénon. - 16. Émeraude. - 17. Ivre. - Oisif. - 18. Tiares. - A.O.F. - 19. Élit. - Amine. 20. Essarte. - St.

Grille 55

1. Fécondable. - 2. Omise. - Soin. - 3. Nurses. - Mg. - 4. Téra. - Téter. 5. Éternisa. - 6. Na. - Union. - 7. Émergentes. - 8. Lunel. - Cers. - 9. Lit. - Uranie. - 10. Étalée. - Tee. - 11. Fontanelle. - 12. Émue. - Amuit. - 13. Cirre. - Enta. - 14. Ossature. - 15. Née. - Englué. - 16. Strie. - Ré. - 17. As. - Énonça. - 18. B.O. - Tintent. - 19. Limés. - Érié. 20. Engraissée.

Grille 56

1. Sorbetière. - 2. Ouïe. - Ansés. - 3. Uracile. - Pu. - 4. Han. - Nulles. 5. Altesse. - 6. Ève. - Gaie. - 7. Ti. - Errants. - 8. Empreintes. - 9. Ébats. - Crue. - 10. Sut. - Leers. - 11. Souhaitées. - 12. Oural. - Imbu. 13. Riante. - Pat. - 14. Bec. - Evert. - 15. Insérés. - 16. Talus. - Ri. - 17. Inélégance. - 18. Ès. - Antre. - 19. Répétiteur. - 20. Ésus. - Esses.

Grille 57

1. Gronderait. - 2. Ou. - Outillé. - 3. Unau. - Râler. - 4. Virage. - 5. Équilibrée. - 6. Rus. - Ogres. - 7. Neptunisme. - 8. Asiates. - Et. - 9. C.I.O. - Émir. - 10. Tiennes. - Ne/né. - 11. Gouvernant. - 12. Runiques. - 13. Aruspice. - 14. Nouai. - Tain. - 15. Dû/du. - Glouton. 16. Étreigne. - 17. Ria. - Brises. - 18. Allures. - 19. Île. - Esmein. - 20. Terre. - Être.

Grille 58

1. Hâtivement. - 2. Émane. - Amie. - 3. Ré. - Dragée. - 4. Braisières. 5. Otages. - 6. Ru. - Oreille. - 7. Imites. - Lus. - 8. Serin. - Dont. - 9. Internée. - 10. Erse. - Rusés. - 11. Herboriste. - 12. Amertume. - 13. Ta. - Aa. - Iris. - 14. Indigotine. - 15. Versèrent. - 16. Aisés. - Er (erbium). - 17. Mage. - Dru. - 18. Émerillons. - 19. Niée. - Lunée. 20. Té. - Siestes.

Grille 59

1. Ingénieuse. - 2. Neuve. - Snob. - 3. Crée. - Étier. - 4. Rôties. - Tue. 5. En. - Latter. - 6. Pluie. - Eh. - 7. Usée. - Mixte. - 8. Latéral. - Tu. 9. Épi. - Ailier. - 10. Seth. - Sensé. - 11. Incrédules. - 12. Néron. Sape. - 13. Guet. - Petit. - 14. Éveillée. - 15. Ne. - Eau. - Ra. - 16. Estimais. - 17. Est. - Teille. - 18. Unité. - In. - 19. Sœurettes. - 20. Èbre. - Heure.

Grille 60

1. Bagatelles. - 2. Imitera. - Nu. - 3. Jetterions. - 4. Osai. - Âtre. - 5. Néoténie. - 6. Te. - Dru. - Ego. - 7. Étai. - Mémés. - 8. Raves. - Péri. 9. Île. - Amen. - 10. Escampette. - 11. Bijouterie. - 12. Âmes. - Étals. 13. Gitan. - Avec. - 14. Attiédie. - 15. Tee. - Or. - Sam. - 16. Erratum. M.P. - 17. Laité. - Épée. - 18. Ornement. - 19. Enneiger. - 20. Sus. - Éosine.

Grille 61

1. Sauvegarde. - 2. Aîné. - Ai/aï. - En. - 3. Tristement. - 4. Atalante. 5. Satan. - Niet. - 6. Fiel. - Ite. - 7. Ag. - Ennemi. - 8. Ira. - Insert. - 9. Tentée. - Saï. - 10. Essorée. - If. - 11. Satisfaite. - 12. Air. - Aigres. - 13. Uniate. - Ans. - 14. Vestale. - T.O. - 15. Tan. - Nier. - 16. Gaël. Innée. - 17. Aimantes. - 18. Énièmes. - 19. Denté. - Irai. - 20. Entêté. Tif.

Grille 62

1. Traitement. - 2. Ail. - Ruinai. - 3. Crises. - C.R.S. - 4. Tâtes. - Vais. 5. Enseigne. - 6. Crête. - Réer. - 7. Serrer. - 8. En. - As. - On. - 9. Nourri. - C.D.D. - 10. Sensuelles. - 11. Tacticiens. - 12. Rira. - Noé. 13. Alitées. - Un. - 14. Senteurs. - 15. Tresser. - Ru. - 16. Eus. - Raie. 17. Mi. - Virés. - 18. Encager. - Cl. - 19. Narine. - Ode. - 20. Tisserands.

Grille 63

1. Impossible. - 2. Loi. - Aînées. - 3. Lustré. - Nos. - 4. Et. - Obscène. 5. Gustatif. - 6. Ara. - Cerise. - 7. Lesta. - Écot. - 8. Sind. - Iso. - 9. Traceuse. - 10. Épissoires. - 11. Illégalité. - 12. Mouture. - R.P. - 13. Pis. - Sassai. - 14. Tôt. - Tics. - 15. Sarbacanes. - 16. Sieste. - Duo. 17. In. - Cire. - Si. - 18. Bénéficier. - 19. Léon. - S.O.S. - 20. Esse. Étocs.

Grille 64

1. Saturation. - 2. Cru. - Ire. - Râ. - 3. Embellie. - 4. Née. - Lentes. - 5. As. - Festive. - 6. Matière. - 7. Inerte. - Ans. - 8. Sautent. - Tu. - 9. Tor. - Snober. - 10. Este. - Épure. - 11. Scénariste. - 12. Armes. - Naos. - 13. Tube. - Meurt. - 14. Fart. - 15. Rillettes. - 16. Arlésienne. 17. Teinté. - Top. - 18. Étira. - Bu. - 19. Or. - Éventer. - 20. Nasse. Sûre.

Grille 65

1. Séquentiel. - 2. Élus. - Ouste. - 3. Réanime. - Io. - 4. Minée. - Raon. - 5. Ostensible. - 6. Acéré. - 7. Nife. - Osier. - 8. Aviner. - 9. Ire. - Repère. - 10. Terrestres. - 11. Sermonnait. - 12. Éléis. - Ivre. 13. Quantifier. - 14. Usnée. - En. - 15. Iéna. - Ère. - 16. Nom. - Scores. - 17. Tueries. - Pt. - 18. Is. - Abriter. - 19. Étiolée. - Ré. - 20. Leone. - Rues.

Grille 66

1. Harmonique. - 2. Itou. - Anus. - 3. Réussite. - 4. Olé. - Ânesse. - 5. Ni. - Éventer. - 6. Delta. - Tura. - 7. Éreinterai. - 8. Rature. - 9. Longera. - Il. - 10. Énée. - Cidre. - 11. Hirondelle. - 12. Atelier. - On. 13. Roué/roue. - Lerne. - 14. Mus. - Étiage. - 15. Savante. - 16. Naine. - Turc. - 17. Intenterai. - 18. Questure. - 19. Us. - Sera. - Ir. 20. Déraille.

Grille 67

1. Renouvelle. - 2. Îles. - Égaux. - 3. Soustrait. - 4. Titus. - Luth. - 5. Réalisée. - 6. Usa. - Rus. - St. - 7. Reluises. - 8. Nains. - Sera. - 9. Entité. - Nui. - 10. Stères. - Tee. - 11. Ristournes. - 12. Éloi. - Séant. 13. Neutralité. - 14. Ossue. - Unir. - 15. Tsariste. - 16. Ver. - Lus. - Ès. - 17. Égalises. - 18. Laïus. - Sent. - 19. Luttes. - Rue. - 20. Ex. Hêtraie.

Grille 68

1. Certitudes. - 2. Amie. - Inuit. - 3. Rosace. - Ara. - 4. Aie/aïe. Enfler. - 5. Toisai. - 6. Tétin. - Osée. - 7. Édenta. - T.N.T. - 8. Ri. Tentent. - 9. Être. - Ossue. - 10. Saisine. - Is. - 11. Caractères. - 12. Émoi. - Édita. - 13. Risette. - Ri. - 14. Tea. - Ointes. - 15. Ceinte. - 16. Tiens. - Ânon. - 17. Un. - F.A.O. - Tsé. - 18. Dualistes. - 19. Éire. Ennui. - 20. Starlettes.

Grille 69

1. Paraderont. - 2. Usera. - Allô. - 3. Repaisse. - 4. Ligué. - Ar. - 5. Teigne. - Ain. - 6. Agenouillé. - 7. Io. - Enrôler. - 8. Nîmes. - Dure. - 9. E.N.A. - Démon. - 10. Secouèrent. - 11. Puritaines. - 12. Ase. Égoïne. - 13. Replié. - Mac. - 14. Araignée. - 15. Daignons. - 16. Sueur. - De. - 17. Rasé. - Ioder. - 18. Olé. - Allume. - 19. N.L. (nouvelle lune). - Aileron. - 20. Tournèrent.

Grille 70

1. Versailles. - 2. Or. - Agneau. - 3. Longitudes. - 4. Osée. - Ar. - Sa. 5. Nie. - Cira. - 6. T.O. - Allègre. - 7. Animale. - Et. - 8. Rime. - Ont. 9. Reine. - Suie. - 10. Enserreras. - 11. Volontaire. - 12. Érosion. - En. - 13. Née. - Iris. - 14. Sage. - Amine. - 15. Agi. - Clamer. - 16. Intaille. - 17. Leurrée. - Se. - 18. Lad. - Ag. - Our. - 19. Eues. - Renia. 20. Sagettes.

Grille 71

1. Bandelette. - 2. Ouïe. - Ale. - 3. Écailler. - 4. Ralenti. - Pi. - 5. Lille. Pris. - 6. Idée. - Asile. - 7. Né. - Rareté. - 8. Géreras. - Ra. - 9. Ères. Car. - 10. Écraserait. - 11. Bourlingue. - 12. Au. - Aidée. - 13. Nielle. R.E.R. - 14. Décélérera. - 15. Âne. - Ares. - 16. Lait. - Arasé. - 17. Ellipses. - 18. Tel. - Rit. - Ça. - 19. Épilerai. - 20. Éprise. - Art.

Grille 72

1. Resplendir. - 2. Été. - Inerte. - 3. Sarment. - Ag. - 4. Tire. - Pli. - 5. Estimais. - 6. Tom. - Usines. - 7. Usent. - Néné. - 8. Nièce. - Su. - 9. Entourés. - 10. Sis. - Rusées. - 11. Restituées. - 12. Étai. - O.S. - Ni. 13. Serrements. - 14. Mes. - Nio. - 15. Lie. - Tuteur. - 16. Ennuis. Cru. - 17. Net. - Minées. - 18. Dr. - Pané. - Se. - 19. Italiens. - 20. Régisseurs.

Grille 73

1. Prénommées. - **2.** Lires. - Inné. - **3.** Amèrement. - **4.** Né. - Veinées. **5.** Triés. - Are. - **6.** Ru. - Radia. - **7.** Tristement. - **8.** Insérai. - Et. - **9.** Asiles. - **10.** Nus. - Pesage. - **11.** Plantation. - **12.** Rimer. - R.N. - **13.** Ère. - Irisas. - **14.** Nerveuses. - **15.** Osées. - Trip. - **16.** Mi. - Réale. - **17.** Mien. - Amies. - **18.** Ennéade. - Sa. - **19.** Entérine. - **20.** Se. Seattle.

Grille 74

1. Promenades. - **2.** Rideraient. - **3.** In. - Secte. - **4.** Sentes. - Rap. - **5.** Ut. - Ipéca. - **6.** Meurtrisse. - **7.** Année. - Tsé. - **8.** B.D. - Béant. - **9.** Lustrer. - Nu. - **10.** Est. - Arasés. - **11.** Présumable. - **12.** Ri. - Étendus. - **13.** Odin. - Un. - St. - **14.** Mentirent. - **15.** Er. - Epte. - Ra. **16.** Nasser. - Ber. - **17.** Aïe. - Citera. - **18.** Décrassa. - **19.** Enta. Senne. - **20.** Steppe. - Tus.

Grille 75

1. Crissement. - **2.** Levées. - Mou. - **3.** Atoll. - Août. - **4.** Soi. - Liguée. **5.** Surmenés. - **6.** Éreintés. - **7.** Sète. - Épi. - **8.** E.V. - Raser. - **9.** Nanties. - Ré. - **10.** Trient. - Dés. - **11.** Classement. - **12.** Retour. - Var. - **13.** Ivoires. - Ni. - **14.** Sel. - Miette. - **15.** Sellent. - In. - **16.** Ès. Intérêt. - **17.** Âgée. - As. - **18.** Émoussés. - **19.** Noué. - Père. - **20.** Tutélaires.

Grille 76

1. Clairement. - **2.** Ruinés. - Tau. - **3.** Intentions. - **4.** Te. - S.A. - Rit. **5.** Spirales. - **6.** Quiète. - Est. - **7.** User. - Nue. - **8.** Ennéade. - Il. - **9.** Né. - Épi. - Ode. - **10.** Tessitures. - **11.** Critiquent. - **12.** Lune. - Usnée. **13.** Ait. - Sien. - **14.** Inespérées. - **15.** Renaît. - Api. - **16.** Est. - Rendit. **17.** Ira. - U.E. - **18.** Étoilée. - Or. - **19.** Nantes. - Ide. - **20.** Tus. Styles.

Grille 77

1. Chevalière. - 2. Rivoli. - Leu. - 3. As. - Ipéca. - 4. Italiennes. - 5. Nodal. - Écru. - 6. Tri. - Lésera. - 7. Siéger. - Mon. - 8. Quasiment. 9. Luxe. - Gênée. - 10. I.e. - Luettes. - 11. Craints. - Li. - 12. Historique. 13. E.V. - Adieux. - 14. Voilà. - Gaël. - 15. Alpilles. - 16. Liée. - Érige. 17. C.N.E.S. - Met. - 18. Élancement. - 19. Ré. - Erronée. - 20. Eu. Suantes.

Grille 78

1. Trottèrent. - 2. Roue. - Lotie. - 3. Au. - Rhumées. - 4. Daurade. - Et. - 5. Ignoré. - Ase. - 6. Teindras. - 7. Asialie. - 8. Ost. - Espace. - 9. Noëls. - Itou. - 10. Sise. - Aneth. - 11. Traditions. - 12. Rouage. - Soi. 13. Ou. - Uniates. - 14. Terrons. - Lé. - 15. Hardies. - 16. Éluderas. 17. Rome. - Alpin. - 18. Été. - Asiate. - 19. Niées. - Écot. - 20. Testée. Euh.

Grille 79

1. Apostrophe. - 2. Nui. - Aérien. - 3. Tiercée. - P.C. - 4. Is. - Allée. - 5. Ânée. - R.F.A. - 6. Ubac. - Canes. - 7. Aérostiers. - 8. In. - I.e. - Se. 9. Résumons. - 10. Effrontées. - 11. Antiquaire. - 12. Puis. - Bénef. 13. Oie. - Aar. - S.F. - 14. Rancœur. - 15. Tacle. - Mo. - 16. Réélection. - 17. Orée. - Aient. - 18. Pi. - Erne. - Se. - 19. Hep. - Fers. 20. Encrassées.

Grille 80

1. Géographie. - 2. Uræus. - Ont. - 3. Issa. - Coûte. - 4. Réinsérées. 5. Lasting. - 6. Au. - Essence. - 7. Osais. - A.m. - 8. Déb. - Lô. - Ale. 9. Épis. - Navet. - 10. Sottisiers. - 11. Guirlandes. - 12. Erseau. E.P.O. - 13. Oasis. - Obit. - 14. Géantes. - St. - 15. Ru. - Sisal. - 16. Ascensions. - 17. Orges. - Ai. - 18. Houe. - Ave. - 19. Intercaler. - 20. Êtes. - Émets.

Grille 81

1. Brillantes. - 2. Aix. - Ana. - Ti. - 3. Laie. - Tibet. - 4. Alacrité. - 5. Saut. - Lé. - 6. Cr. - Inusité. - 7. Opalescent. - 8. P.L. - Serai. - 9. Ratatiné. - 10. Eues. - Fesse. - 11. Balançoire. - 12. Rial. - R.P. - Au. 13. Ixias. - Apte. - 14. Écaillas. - 15. La. - Rune. - 16. Antitussif. - 17. Naît. - Scène. - 18. Bélières. - 19. Été. - Etna. - 20. Site. - Étiré.

Grille 82

1. Botanistes. - 2. Aron. - Morue. - 3. Neutrinos. - 4. Teuton. - 5. Ut. C.I.A. - Cou. - 6. Irien. - Lord. - 7. Eu. - Dépanne. - 8. Riveraines. - 9. Eton. - Ers. - 10. Sesterce. - 11. Banquières. - 12. Öre. - Truite. - 13. Tout. - Vos. - 14. Antécédent. - 15. Ruiner. - 16. Imita. - Pair. - 17. Sono. - Lai. - 18. Tronçonnée. - 19. Eus. - Orner. - 20. Se. - Rudesse.

Grille 83

1. Dépouillés. - 2. Étain. - Aigu. - 3. Passivité. - 4. Eu. - Ivettes. - 5. Avenue. - 6. Déserterai. - 7. Apt. - Sésame. - 8. Narrés. - Lin. - 9. Creil. - Mène. - 10. Ès. - Assises. - 11. Dépendance. - 12. Étau. - Épars. - 13. Pas. - Astre. - 14. Oisive. - Ria. - 15. Universels. - 16. Ventes. - 17. Laitues. - Mi. - 18. Littérales. - 19. Égée. - Aminé. - 20. Su. - Sciènes.

Grille 84

1. Rémittents. - 2. Éludée. - Uri. - 3. Su. - Ortolan. - 4. Tétines. - Mg. 5. Ironie. - 6. Tôles. - Axel. - 7. Unissant. - 8. Été. - Émirat. - 9. Ranimait. - 10. Suent. - Esse. - 11. Restituées. - 12. Élueront. - 13. Mû. - Tôlière. - 14. Idoines. - An. - 15. Ternissent. - 16. Tétée. - Ami. 17. Os. - Anime. - 18. Nul. - Extras. - 19. Tram. - Ais. - 20. Singalette.

Grille 85

1. Zoologique. - 2. Éclat. - Musc. - 3. Scénario. - 4. Ta. - Grattes. - 5. Essai. - Airs. - 6. Siéger. - Ère. - 7. Öre. - Orner. - 8. Anises. - Tua. - 9. Âne. - Pin. - Ri. - 10. Respirées. - 11. Zestes. - Aar. - 12. Occasionne. - 13. Olé. - Séries. - 14. Langages. - 15. Otarie. - Épi. - 16. Râ/ra. - Rosir. - 17. Imita. - Ne. - 18. Quotient. - 19. U.S. Erreurs. - 20. Écosserai.

Grille 86

1. Serviteurs. - 2. Axiales. - Eu. - 3. Lavis. - Truc. - 4. Vues. - Peine. 5. Ac (actinium). - Sar. - Vie. - 6. Télévisé. - 7. Réalisera. - 8. Misèrent. - 9. Créée. - Inné. - 10. En. - Rejeter. - 11. Salvatrice. - 12. Exaucée. - R.N. - 13. Rive. - Lamé. - 14. Vaisselier. - 15. Ils. - Avisée. 16. Té. - Prise. - 17. Este. - Sérié. - 18. Rivèrent. - 19. Réuni. - Anne. 20. Sucées. - Ter.

Grille 87

1. Rectangles. - 2. Aura. - Oran. - 3. Prison. - Nez. - 4. Ion. - Ivoire. 5. Iseo. - Ève. - 6. Clepsydre. - 7. Éire. - Aient. - 8. Réeront. - Tu. - 9. Ar. - Mutés. - 10. Saleté. - Une. - 11. Rapièceras. - 12. Euro. - Liera. 13. Crinière. - 14. Tas. - Sperme. - 15. Oies. - Out. - 16. Non-voyante. 17. Gr/G.R. - Dite. - 18. Lanière. - Su. - 19. Énervent. - 20. Zée. Tune.

Grille 88

1. Habitation. - 2. Ouï-dire. - Ni. - 3. Se. - Raide. - 4. Intéresser. - 5. Zoo. - Êtes. -- 6. Ovule. - Rugi. - 7. Naïade. - Eut. - 8. Tel. - Irise. - 9. Lotes. - Ru. - 10. Liera. - Éden. - 11. Horizontal. - 12. Au. - Novae. 13. Bistouille. - 14. Idée. - La. - Or. - 15. Ti. - Réédita. - 16. Arrêt. Ère. - 17. Teaser. - Ise. - 18. Issues. - 19. Onde. - Guère. - 20. Nierait. Un.

Grille 89

1. Dépensiers. - **2.** Ivry. - Énoue. - **3.** Seulement. - **4.** Nases. - Il. - **5.** Iseut. - Pale. - **6.** Nus. - Iseran. - **7.** Gê. - Avirons. - **8.** Égarent. - **9.** Emmène. - Dés. - **10.** Rouet. - Pesa. - **11.** Distinguer. - **12.** Ève. - Sue. Mo. - **13.** Prunes. - Ému. - **14.** Eylau. - Âgée. - **15.** Estivant. - **16.** Sème. - Sire. - **17.** Inespéré. - **18.** Éon. - Aronde. - **19.** Rutilantes. - **20.** Se. - Lens. - S.A.

Grille 90

1. Doublement. - **2.** Écrue. - Érié. - **3.** Ça. - Pu. - Cl. - **4.** Irascibles. - **5.** Dièse. - Lie. - **6.** Enrôlées. - **7.** Maints. - Ibo. - **8.** Établi. - **9.** Nana. Elles. - **10.** Tisser. - Été. - **11.** Décidément. - **12.** Ocarina. - Ai. - **13.** Ur. - Aériens. - **14.** Buisson. - As. - **15.** Le. - Celte. - **16.** Pi. - Ester. **17.** Meuble. - Al. - **18.** Er. - Lisible. - **19.** Nicée. - Blet. - **20.** Tels. Boisé.

Grille 91

1. Admiratifs. - **2.** Ure. - Édifié. - **3.** Donnant. - En. - **4.** Iléon. - Aéra. **5.** Tensions. - **6.** Tempête. - **7.** Ob. - Met. - Hum. - **8.** Nono. - Ère. - **9.** Nu. - Sûretés. - **10.** Emménagera. - **11.** Auditionné. - **12.** Drôle. Boum. - **13.** Mènent. - **14.** Nosémose. - **15.** Réanimé. - Un. - **16.** A.D.N. - Optera. - **17.** Titane. - Reg. - **18.** If. - Esthète. - **19.** Fier. - Eu. Er. - **20.** Sénat. - Misa.

Grille 92

1. Légataires. - **2.** Utah. - Crime. - **3.** Nui. - Ocelot. - **4.** Averse. - Lia. **5.** Te. - Hesse. - **6.** Corsetée. - **7.** Quid. - Tu. - **8.** Ur. - Imite. - **9.** Ente. Raser. - **10.** Sévères. - Né. - **11.** Lunatiques. - **12.** Étuve. - Urne. - **13.** Gaie. - Ci. - T.V. - **14.** Ah. - Rhodiée. - **15.** Oser. - **16.** Accessoire. - **17.** Ire. - Se. - Tas. - **18.** Rillettes. - **19.** Émoi. - Eu. - En. - **20.** Sétacé. Gré.

Grille 93

1. Perversité. - 2. Rouerie. - En. - 3. Alinéa. - Ont. - 4. Tests. - Rusa. 5. Si. - Métis. - 6. Quelles. - Os. - 7. Léontine. - 8. Elle. - Tel. - 9. Née. Mirera. - 10. Ti (titane). - Pirates. - 11. Pratiquent. - 12. Éole. - Lei. 13. Ruisselle. - 14. Ventilée. - 15. Ères. - Lô. - Mi. - 16. Ria. - Mentir. 17. Se. - Restera. - 18. Out. - Îlet. - 19. Tension. - Ré. - 20. Entasseras.

Grille 94

1. Intentions. - 2. Loire. - Bio. - 3. Lurette. - Cu. - 4. Osé/ose. - Tables. - 5. Tao. - Oies. - 6. Intrigue. - 7. Querelles. - 8. Se. - Aï. - Un. 9. Et. - Tonsure. - 10. Suisse. - Tes. - 11. Illogiques. - 12. Nous. - Nu. Tu. - 13. Tirettes. - 14. Ère. - Arrêts. - 15. Nettoie. - Os. - 16. Ta. Glane. - 17. Éboulis. - 18. Ob. - Liée. - Ut. - 19. Nicée. - Sure. - 20. Sousse. - Nés.

Grille 95

1. Cinéraires. - 2. Éviter. - Öre. - 3. Nem. - Gicler. - 4. Banale. - 5. Ipéca. - Iseo. - 6. Musette. - R.N. - 7. Et. - Ânons. - 8. Tapée. - Tie. - 9. Rivetées. - 10. En. - Sensées. - 11. Centimètre. - 12. Ive. - Putain. 13. Nimbes. - P.V. - 14. Et. - Acérées. - 15. Régnât. - Été. - 16. Aria. Ta. - En. - 17. Clientes. - 18. Rôles. - Oise. - 19. Ère. - Erne. - 20. Serrons. - As.

Grille 96

1. Troubadour. - 2. Rien. - Bas. - 3. Amiénoises. - 4. Mel. - Ennuis. 5. Laine. - Ru. - 6. Orange.- P.E.R. - 7. Lad. - Émoi. - 8. Idée. - Enfin. 9. Ne. - Tondent. - 10. Essarteras. - 11. Trampoline. - 12. Rime. Rades. - 13. Œillade. - 14. Une. - An. - E.T.A. - 15. Neige. - Or. - 16. Abonnement. - 17. Daine. - Onde. - 18. Ossu. - Pifer. - 19. Éire. I.N.A. - 20. Rassurants.

Grille 97

1. Sagittaire. - 2. Prêle. - Ide. - 3. Irrégulier. - 4. Rictus. - Olé. - 5. Ive. Miam. - 6. Ta. - Censeur. - 7. Uncinés. - Si. - 8. Étant. - U.R.S.S. - 9. Lèse. - Créée. - 10. Espiègle. - 11. Spirituels. - 12. Arrivante. - 13. Gercé. - Case. - 14. Îlet. - Cinés. - 15. Tégument. - 16. Usine. - Ci. - 17. Ail. - Assuré. - 18. Idiome. - Reg. - 19. Réel. - Ussel. - 20. Reprisée.

Grille 98

1. Immobilier. - 2. Nous. - Nièce. - 3. Disette. - As. - 4. Entr'ouvert. 5. Ce. - Agir. - Ti (titane). - 6. Piètes. - 7. Sais. - Alu. - 8. I.G.N. Moitié. - 9. Outrancier. - 10. Niée. - Siéra. - 11. Indécision. - 12. Moine. - Agui. - 13. Must. - Pinte. - 14. Oserais. - Ré. - 15. Toge. - Ma. - 16. Intuitions. - 17. Lièvre. - Ici. - 18. I.e. (id est). - Satie. - 19. Écart. - Lier. - 20. Restituera.

Grille 99

1. Glaciation. - 2. Euh. - Me. - Nue. - 3. Niagara. - Ré. - 4. Nemours. 5. Riemannien. - 6. Arrêtées. - 7. Tu. - Fesse. - 8. Inule. - Soue. - 9. Néré. - Lis. - 10. Nuisettes. - 11. Génération. - 12. Lui. - Irun. - 13. Ahaner. - Uni. - 14. Gémelles. - 15. Imamat. - Ère. - 16. Aéronef. - Et. 17. Aunées. - 18. In. - Rissole. - 19. Ourse. - Suis. - 20. Née. - Nuées.

Grille 100

1. Vaporeuses. - 2. Arête. - Pu. - 3. Lavage. - Tic. - 4. Liage. - Noce. 5. Argenterie. - 6. Euterpe. - 7. Eu. - Se. - Vire. - 8. Orbe. - Auden. 9. I.N.A - Dare. - 10. Sécheresse. - 11. Villageois. - 12. Air. - Urne. - 13. Pavage. - Bac. - 14. Orageuse. - 15. Régente. - Dé. - 16. Été. - Té. Aar. - 17. U.E. - Nervure. - 18. Torpides. - 19. Épicière. - 20. Sucée. Ente.

Grille 101

1. Coloquinte. - 2. Anar. - Noues. - 3. Rap. - Dîners. - 4. Gnome. Iéna. - 5. Aînesse. - Er. - 6. Issus. - Na. - 7. S.M. - Bât. - Vue. - 8. Œillères. - 9. Rééliras. - 10. Stars. - Zest. - 11. Cargaisons. - 12. Onanisme. - 13. Lapons. - Ira. - 14. Or. - Meubler. - 15. Dessalés. - 16. Uni. - Tel. - 17. Ionien. - Riz. - 18. Nuée. - Avéré. - 19. Terne. Usas. - 20. Essarte. - St.

Grille 102

1. Nourrisson. - 2. Âcre. - Mec. - 3. Templier. - 4. Raidillons. - 5. Arc. Sienne. - 6. Tian. - S.O.S. - 7. Isiaque. - 8. Vertueuses. - 9. Été. - Ruée. - 10. Sa. - Élue. - Sn. - 11. Narratives. - 12. Oc. - Arisé. - 13. Urticaire. - 14. Reed. - Natte. - 15. Mis. - Quel. - 16. Impliqué. - 17. Sellé. - Eure. - 18. Scions. - Su. - 19. Ennoyées. - 20. Nurses. - Sen.

Grille 103

1. Courageuse. - 2. Liseron. - A.M. - 3. Isabelle. - 4. Né. - Gâter. - 5. Estocade. - 6. U.L.M. - Otages. - 7. Orphie. - 8. Noie. - Rée. - 9. Tu. Na. - Néré. - 10. Studieuses. - 11. Clinquants. - 12. Oise. - Out. - 13. Usa. - Émoi. - 14. Rébus. - Rend. - 15. Are. - Top. - Aï/ai. - 16. Golgotha. - 17. Enlaçai. - Nu. - 18. Étagères. - 19. Sa. - Ede. - Ère. 20. Empressées.

Grille 104

1. Exposition. - 2. Entre. - Co. - 3. Tante. - Mari. - 4. Roc. - Papier. - 5. Échappée. - 6. Aven. - Uni. - 7. Igné. - Euler. - 8. Titrées. - Ré. - 9. Esses. - Aton. - 10. Se. - Étaient. - 11. Extrémités. - 12. A.O.C. - Gise. 13. Penchants. - 14. Ont. - Avérée. - 15. Steppe. - Est. - 16. Ir. Apnée. - 17. Tempe. - Usai. - 18. Aïeul. - Té. - 19. Ocre. - Néron. - 20. Noircirent.

Grille 105

1. Pendulette. - 2. Ater. - Ove. - 3. Rafiot. - Leu. - 4. Fille. - Ne. - 5. Élisions. - 6. Muselière. - 7. Ès. - Éveil. - 8. Une. - Enrage. - 9. Rétro. Éden. - 10. Se. - Anisées. - 11. Parfumeurs. - 12. Étai. - Usnée. - 13. Nèfles. - Et. - 14. Drilles. - Ra. - 15. Œil. - Éon. - 16. Lot. - Sien. - 17. E.V. - Fièvres. - 18. Tel. - Oréade. - 19. Enneigée. - 20. Élues. - Lens.

Grille 106

1. Plantation. - 2. Éolien. - Mue. - 3. Ria. - Ratait. - 4. Mariage. - 5. Imbues. - 6. Soirs. - Anse. - 7. Suça. - Creux. - 8. Ils. - Prière. - 9. Vé. Laisser. - 10. Espérée. - Sa. - 11. Permissive. - 12. Loi. - Moules. - 13. Alambics. - 14. Ni. - Aura. - Le. - 15. Terres. - Par. - 16. Anaïs. - Crie. 17. Ta. - Arise. - 18. Imaginées. - 19. Ouïe. - Sures/sûres. - 20. Net. Vexera.

Grille 107

1. Tapante. - 2. Rire. - Ut. - 3. Égorger. - 4. Iule. - Ré. - 5. Zée. - Gai. 6. Istar. - 7. Émanait. - 8. Maroc. - 9. Érines. - 10. Mien. - Or. - 11. Ennemie. - 12. Nenni. - 13. Tsé-tsé. - 14. Treizièmement. - 15. Aigues-marines. - 16. Prolétarienne. - 17. Aère. - Anonnent. - 18. Grâce. - Mis. - 19. Tuera. - Soi. - 20. Étreinte. - Réa.

©Roi de trèfle, 2019

Édition : BoD - Books on Demand
12/14 rond-point des Champs-Élysées, 75008 Paris

Imprimé par
BoD - Books on Demand, Norderstedt, Allemagne

Achevé d'imprimer en mai 2019

Dépôt légal : mai 2019
ISBN 978-2-322-03532-8

Dépôt légal 1e édition : octobre 2011
Dépôt légal 2e édition : avril 2013